湛庐CHEERS

与最聪明的人共同进化

HERE COMES EVERYBODY

跑者脑力训练手册

[美]
杰夫·布朗
莉斯·内伯伦特 著
JEFF BROWN
LIZ NEPORENT
毛大庆 译

HOW TO THINK SMARTER TO RUN BETTER

浙江人民出版社
ZHEJIANG PEOPLE'S PUBLISHING HOUSE

马拉松的最大挑战来自大脑，而非身体

毛大庆
优客工场、共享际创始人、董事长

人对于自己身体潜能的了解程度永远比预想的要低，甚至低很多。对于身体潜能的开发并不是一种纯粹针对身体的训练，更多的是在大脑中释放大量信号，令身体感到能量并未枯竭，还在源源不断地迸发。这些是我在翻译《跑者脑力训练手册》的过程中时时思考的问题。

让大脑发现自己

就算从未系统进行过跑步训练的人，当身后有猛兽追赶时，他奔跑的速度也会十分惊人。问题就此而来，跑者的长跑训练到底是对身体的训练，还是对大脑意识的开发?

这本书中有很多令我印象深刻的关于跑者脑力训练的句子，它们都是可以直接印在跑步服上当作你的宣言的，比如:

脑力让你成为更优秀的跑者;

明确你为何身处此地;

要享受过程;

你的大脑至少和你的股四头肌一样在努力工作，而且它运转得更快;

给你带来最大挑战的不是你的身体，而是你的大脑;

……

身为资深跑者的日本作家村上春树说过:“不论到了多大年龄，只要人还活着，对自己就会有新的发现。”在一场接着一场的马拉松比赛中，跑者应该如何发现一个更新的自己?《跑者脑力训练手册》给出了一套系统的可操作性极强的方法，对于跑者在训练过程中最常见的挫折与困难，也从很多崭新视角上给出了建议。

跑马拉松并非为了放空自己

在回答为什么喜欢跑步时，很多跑者给出的答案是“放空自己”，对于这种观点，本书给出了一个颠覆性的答案。事实上，在漫长的一生中，人真正可以让大脑处在真空状态的时刻少之又少，就算是在深度睡眠状态下，大脑依然在运行。所以，当我们享受一次马拉松时，更可能是在数小时内进行一场自己与自己的对谈，而不是纯粹地放空大脑。

在这个漫长的奔跑过程中，跑者在身体层面将面临巨大的挑战，还会有很多你我根本想象不到的意外。比如，作者在书中提到，一位跑者在马拉松比赛中突然感到脚趾下剧痛，因为不愿降低速度而强忍着疼痛跑到了终点，脱下跑鞋才发现，她的鞋里有一枚硬币。这枚硬币让她不得不在赛后跛行了一周时间。支撑跑者踩着硬币完赛的动力一定不是来自她的身体，而是她的大脑。

奔跑中的大脑，治愈抑郁症的良方

本书还提到了一次针对抑郁症患者的实验，也印证了我在自愈抑郁症过程中的切身感受。

了解我的人都知道，2013 年，我被诊断为中度抑郁症，当时医生一下子给我开了 6 种药，令我陷入了巨大的恐慌。后来发生在我身上的事已经成为中国跑者圈子里的励志教材：一个曾经特别讨厌跑步的人走上了跑道，从 800 米开始，1 公里、2 公里、3 公里、5 公里……直到跑完近百个全程马拉松。跑完人生第一个 5 公里的那天晚上，我竟然没有吃药，睡眠质量非常好。第二天醒来，感觉人生进入了全新的阶段。在跑步半年之后，我竟然可以参加马拉松了。本书出版前，我已经在全球完成了 91 个马拉松赛事，长跑治愈了我的抑郁症。

书中介绍，在那次针对 154 人的实验中，结果显示，有氧运动对于抑郁症的疗效远强于药物治疗。

众所周知，抑郁症是一种典型的精神疾病，而跑步可以解决大脑的问题正好说明，跑步是一项由大脑驱动的身体运动。所以，跑者为了马拉松而进行的所有训练，出发点都应该是大脑。

跑前做大脑热身

这本书中还给出了很多无关身体训练的跑步建议，大家可以记下其中几项，在今后的某一次长跑训练或马拉松比赛中试一试，或许会有意想不到的效果。比如，在跑步前对自己说一句："你好，我是跑者。"这并不仅仅是一种仪式，更多的是在对大脑进行一次自我确认："我准备开始跑步了。"

本书作者认为，人在跑步的过程中可能会遭遇一些消极想法的侵蚀，比如"我跑得太慢了"或者"我跑得不够多"，如果一旦让这种思想占据大脑，那么接下来，来自大脑的奔跑动力就会减弱。因此，大脑必须尽快接收到"我是跑者"的想法，才会令身体克服困难，继续跑下去。

脑力让身体超越生命的极限

本书介绍了很多大师级跑者的心路历程，当看到"可以永远跑步的男人"、超级马拉松运动员迪安·卡纳泽斯时，我想到了我的好朋友、中国著名探险家金飞豹。

迪安·卡纳泽斯曾在美国 50 个州连续 50 天跑了 50 个马拉松，他一直在不断地为自己设定目标。2018 年 5 月，金飞豹计划在家乡云南用 100 天时间跑 100 场马拉松，这在常人看来是一项不可能完成的任务，但他竟然完成了。在这 100 天中，作为金飞豹的好朋友，我也参加了其中几场马拉松，深刻体会到人类身体的潜能是多么巨大，而这种潜能仅仅依靠骨骼与肌肉是绝无可能释放的，更多的是来自对大脑的开发。

像迪安·卡纳泽斯和金飞豹这种超越极限的奔跑如果仅凭体力和耐力，是不可能完成的，必须要赋予它更多生命的意义，通过大脑向身体传达释放无穷潜能的信号后，身体才能实现更多不可思议的突破。

痛苦的身体带来快乐的大脑

常听一些初试跑步运动的朋友在问，一场马拉松长达 42.195 公里，新手往往要跑上五六个小时，一定非常痛苦吧？

马拉松是一项痛苦的运动吗？如果真的痛苦，为什么在全世界会有那么多疯狂的追随者？全球六大满贯赛事的名额一签难求，中国北京、上海、广州等一线城市的城市马拉松的中签率每年都在降低，报名人数屡创新高。

解释这个问题依然需要把身体与大脑分开讨论。在身体上，连续四五个小时的奔跑一定会带来不适和痛苦，甚至出现撞墙期，跑者需要咬牙坚持，才能到达终点。但也正是在坚持的过程中，大脑会释放出很多令身体感到强烈快感的信息，令马拉松成为“让身体在痛苦中快乐”的运动。

本书中，对于这种“痛苦中快乐”的“诡异现象”进行了科学的通俗解释。根据科学研究，跑者可以体验到一种平静的幸福感。这要归功于大量自然产生的化学物质涌入你的大脑。身体产生了一种内源性大麻素，它具有提升情绪、消除疼痛和扩张肺部血管和支气管的能力。当大脑和身体细胞释放出足够多的快乐分子时，跑者就会感受到良好情绪的迸发，并最终产生跑者的愉悦感。同时，跑者的大脑还会释放另一类化学物质内啡肽，它可以缓解跑步的痛苦感，并激活大脑的奖励系统，带来满足感和成就感。

这就是马拉松的魅力所在。

斯宾诺莎在《伦理学》中认为："作为痛苦的激情，一旦我们对它有了清晰而明确的认识，就不再感到痛苦了。"这句话可以完美解释一场令身体痛苦的马拉松何以令众生痴迷。

在我读过的关于跑步训练、马拉松感悟的作品中，本书为所有热爱长跑的人打开了一个全新的视角。当你在寒风刺骨的凌晨积累跑量时，当你忍受着身体的不适在一个本应安逸的周末进行一次艰苦的 LSD 时，当你和万千同好奔跑在通往 42.195 公里终点线的城市街巷时，希望这本《跑者脑力训练手册》可以带给你坚持下去的动力，并赋予生命更多释放潜能的出口。

当知为何而奔跑

就我个人而言，翻译本书除去加深了我对马拉松运动的理解之外，还给了我另一层更深刻的意义。

三年半前，我开始创业，今天，我创立的优客工场已经成为中国最大的联合办公品牌。外界只看到了企业的成功与壮大，在这期间，我在创业道路上的挫败与痛苦却从未对人言。这就像是一场浩大的马拉松赛事，漫长的赛道上，只有跑者才能在痛苦中体会到那种平静的幸福感。

尼采说："知道为什么而活的人，便能生存。"同样，知道为何而跑的人，便能抵达终点。知道为何而创业的人，才有可能看清方向，并获得成功。

愿以本书，与所有跑者共勉，与所有在创业路上的跑者共勉，与所有热爱生命、热爱奔跑的创业者共勉。

跑步时，别忘记带上你的大脑

梅布·科弗雷兹基
（Meb Keflezighi）
美国跑步名将，2014 年波马冠军

作为一个综合实力雄厚的现代化大都市，波士顿经常举办重大体育赛事。它见证了很多体育事件，无论是棒球世界系列赛中的回归式胜利、冰球赛中为争夺斯坦利杯而进行的史诗级比赛，还是橄榄球赛中一次争夺超级碗比赛资格的奔跑。但我认为有史以来，波士顿甚至世界上举办的所有体育赛事都没有 2014 年的第 118 届波士顿马拉松赛更受瞩目。正是这场比赛赋予“坚强波士顿”（Boston Strong）一种人格化的象征，并让人们用坚韧不拔和持之以恒来诠释跑者这一群体。

面对困难，我们选择迎难而上，而不是逃避退缩。我们让全世界目睹了什么是团队精神。无论是否遭受炸弹袭击，我们都会根据自己的主张来定义我们是谁、我们做的是什么以及为什么要这样做。虽然在 2014 年我有幸第一个冲过终点线，但在心中，我一直相信胜利属于所有跑者。

2013 年的波士顿爆炸案震动了整个跑圈。无论你是马拉松比赛的冠军得主、高中或大学田径运动的明日之星，还是一位想为孩子树立健康榜样的家长跑者，或是那些几十年来穿破无数双跑鞋的经验跑者，都受到了这次爆炸的影响。对于那些受到爆炸案波及的家庭、跑者、观众和志愿者，我会永远为你们祷告。

作为人类，我们有思想、情感、应对策略、信仰以及跨越阻碍的能力。上帝给了每个人一个大脑，但我们在跑步时有时会忘记带上它。我们被最新的技术、最喜欢的品牌、最热门的颜色、最炫酷的衣服分散了注意力，因而忽略了自己的大脑。正如杰夫·布朗博士所说："你已经免费拥有了所需的最高端的科技装备，那就是你的大脑。"他是对的。没有一台机器可以像你的大脑一样迅速地完成如此多的任务。

我们可以用一个非常有趣的统计数字来佐证布朗博士的想法，即有 3 万名跑者参加的波士顿马拉松赛场上承载了大约 9 万磅的大脑，也就是重达 45 吨的脑组织，这是不容忽视的强大力量。跑者以往只专注于饮食、拉伸、呼吸、长距离跑、短距离跑、趣味跑、足弓支撑、肌肉恢复、水合作用、水疱、出血的乳头等，我想，现在是时候关心并高度重视我们的大脑了。

布朗博士已经担任波士顿马拉松医疗队官方首席心理医生 15 年了，他见证了跑者可能会有的所有心理感受。他通过自己孜孜不倦的工作了解到跑者具有的独特品质、身处的特殊状况、深刻的跑步动机以及取得成绩时充满自信的幸福感。当我在 2014 年越过波士顿马拉松的终点线时，布朗博士就站在那里，我的妻子约尔丹斯（Yordanos）当时太激动了，给了他一个大大的拥抱，并高呼“感谢主”。布朗博士在那一刻受到感染，和我的妻子一起大喊了起来。

布朗博士关于跑者及其大脑的知识和经验对每个人都至关重要，因为我们正在尝试找出更聪明、更健康的跑步方式。试想一下，如果我们像完成其他跑步目标一样致力于培养和关注大脑，每个人又会取得怎样的成就？这本书充满了严谨的科学性，也有经过验证的心理策略和来自伟大跑者们具有启发性的有趣故事、技巧和想法，而且它感情真挚、通俗易懂、具有很大的实用价值。如果你想要最大限度地发挥自己的运动水平，并充分利用每一次跑步，那就肯定可以从布朗博士的智慧中受益。

参加比赛前，如何缓解内心的紧张?

扫码获取“湛庐阅读”App，
搜索“跑者脑力训练手册”，
获取赛前“内心的安宁”检查清单。

什么是彩蛋

彩蛋是湛庐图书策划人为你准备的更多惊喜，一般包括①测试题及答案 ② 参考文献及注释 ③ 延伸阅读、相关视频等，记得“扫一扫”领取。

THE
RUNNER'S
BRAIN
目 录

第三部分

跑步中应对各种问题的思维方式

第四部分

跑者必备的脑力训练清单和计划

THE RUNNER'S BRAIN

HOW TO THINK SMARTER TO RUN BETTER

第一部分

跑步重塑大脑，大脑让你跑得更好

作为一名跑者，你最大的资本就是你的大脑，但它有时也可能成为你最大的敌人。毋庸置疑，你必须用里程数和时间来塑造一个最好的自己。但我相信，仅仅锻炼强壮的体魄并不能为你的双脚插上翱翔的翅膀。一旦系紧鞋带开始跑步，你的所思所感都会对你的运动表现产生巨大的影响。

过去 14 年中，我是波士顿马拉松赛的首席运动心理医生，在与成千上万的跑者相处的过程中我获得了宝贵的经验，所以我可以告诉你，对想法和情绪背后的机制有一个充分的了解可以帮助你达到最好的运动效果。当你一丝不苟地计划着你的速度和坡度训练时，也应该给予你的心理状态同样的关注。

在这一部分，我将深入探讨为什么跑步和大脑之间会互相作用并有益于彼此。而且，我将进一步解释贯穿你大脑的神经是怎样提升你作为一位跑者的自我认知的，以及如何对这些神经连接做出一定程度的微调来让它更好地为你服务。

我还会带你回到 2013 年波士顿马拉松赛的幕后，让你亲自了解炸弹爆炸时的情景。毫无疑问，波士顿的爆炸案对美国人造成了很大的影响。但我认为，对于我们这些跑圈的人，即使是那些此生不会踏足波士顿的跑者，它的影响更加刻骨铭心。作为一名跑者，你注定与这场悲剧休戚相关，这种联系会引发你的联想并影响你的情绪。我们就从这一点开始讲起吧！

大脑，跑者的最大资本

当一位心理学家走进医疗帐篷时，有人可能会喃喃自语道："一个心理学家在马拉松医疗帐篷里能做些什么？"

你听说过这个笑话吗？我听说过，而且不止一次。但是大多数时候，人们都认为这是一个严肃的问题。比如，他们会说："说真的，心理学家在波士顿马拉松赛的医疗帐篷里到底能干什么？"其实这是一个很有趣的故事。

我在20世纪90年代后期来到波士顿，在哈佛医学院管理的麦克林医院做博士后研究工作，研究的是儿童和青少年心理学。我在路易斯安那州时就对运动心理学有兴趣，在那里我曾为一个小联盟棒球队和当地的一所大学运动系做过咨询。如何通过提高大脑的思考能力来帮助运动员提升运动表现？我当时对此产生了很大的兴趣。运动员一旦将自己的大脑用到运动中，就会成为快速学习者。我的意思就是字面上的意思。

我处于一个以扎实研究为基础的心理学领域，即认知行为疗法（CBT）。这个心理学分支专注于研究消极思维模式，并尝试用更富有成效的想法来校准和重构大脑。研究表明，认知行为疗法可以让大脑产生永久性改变，所以这是训练大脑和改变自我的最佳选择。这种疗法通过将注意力集中在思维的准确性和内容上，来帮助你以更积极的方式重塑你的大脑。总的来说，认知行为疗法可以为运动者提供令人难以置信的强大工具，并且正如我多年来发现的那样，对跑者的作用尤其显著。

在遇到我的同事亚瑟·西格尔（Arthur Siegel）博士之前，我还未曾来过波士顿。西格尔博士是麦克林医院的内科主任，因为偶然的机会，他成了波士顿马拉松医疗队的固定成员和参赛跑者。

西格尔博士的临床研究兴趣之一是低钠血症，这是跑者钠水平过低导致的症状，通常是因为摄入的水量超过了身体的排水能力。许多低钠血症的首要症状都是心理上的。在谈到这件事情时，西格尔一直强调心理学家应该是马拉松医疗队的一部分，因为通过了解心理症状，可以诊断、治疗低钠血症跑者。最终，我获得邀请并成为波士顿马拉松官方医疗队的成员。

当时，我处于一个非常独特的位置。西格尔说，我就像煤矿里的金丝雀，与金丝雀可以快速检测微量的危险气体一样，我能够快速诊断引发跑者低钠血症的心理压力。

另外，我也想指出，正是因为医疗队的领导者和临床医生希望为马拉松参赛运动员提供周到细致的服务，所以我们能够做到这一点。医疗帐篷不是在一夜之间成形的，成千上万的志愿者提供的热心服务也不仅仅是出于他们的本能。我们每年都会根据具体赛况，精心计划和调整医疗帐篷的位置，以便为需要急救的跑者提供更便利的服务。能够与如此专业的团队合作，对我来说是一种莫大的荣幸。

像对待膝盖一样对待你的大脑

在科学与直觉的帮助下，我作为金丝雀的作用很快成长为一种更强大的东西。我发现，就像煤矿一样，跑者的大脑里也拥有多个洞穴、承重梁、断层带和竖井，它们为大脑能够更好地工作做出了巨大贡献。但我也发现，跑者的大脑所储备的能量远远超出了煤矿的价值，它是一座金矿，拥有各种超凡脱俗的能力，具备惊人的学习能力和对知识的巨大渴望。

波士顿马拉松和其他大型比赛的医疗帐篷都是为那些患有严重不良病症的参赛者准备的。那些只需要冰袋、纱布来为他们出血的乳头止血或者只需要一个针头来挑破水疱的跑者，不需要在医疗帐篷中接受治疗；但有些跑者在终点线累倒了，有些因为体温异常、痉挛、谵妄、精神错乱、心脏问题等严重的医疗事件而半路退赛，医疗帐篷对他们来说必不可少。有时，这些症状早在赛前就已经存在，但由于赛事的一系列因素而进一步恶化。

最初，我的工作是通过心理征兆来比化验室更快地诊断出低钠血症，并且提醒团队中的医生注意潜在问题，这样跑者就可以及早接受适当的治疗。随后，我在心理和情绪方面帮助跑者，直到适当的治疗方法开始起作用。

鉴别低钠血症跑者一年后，我意识到，我的诊断技能很有用，但我的认知行为疗法训练效果可能更加显著。有些跑者正遭受着疼痛感的折磨，有些正处于焦虑的情绪之中、对自己的运动表现不满或感到沮丧和失望，只要他们可以改变自己的消极想法，就能从中受益。在我看来，跑者过度关注着地冲击力造成的身体损伤，但很少会对如何应对脑力问题做出合理的规划。我始终认为，跑者应该像对待肌肉拉伤或膝盖疼痛一样对待脑力。

到 2013 年，我已经担任波士顿马拉松赛的心理学家 10 多年了。我认为我已经明白了这一切，至少已经足够接近事实了。这就是你手中这本书成书的原因。我想竭尽所能，帮助跑者进一步理解、利用和强化他们的大脑。我处理过你能想到的与跑步有关的每一种脑力问题，比如：因为忘记随身携带精神药物而在比赛途中精神疾病复发，因为心理因素而引发体温过高、过低和低血糖的症状，因为过度焦虑而摔倒，因为惊恐而感到困惑并失去镇静，需要静脉注射却害怕针头，因为表现不佳而快速引发抑郁症……这样的例子还有很多，我就不在此一一列举了。

我本认为自己已经准备好应对马拉松比赛中跑者的脑力问题了，然而，出乎所有人的意料，爆炸案发生了。

大脑对跑者很重要

医疗帐篷 A 是一种宽敞的矩形帐篷，位于科普利广场波士顿公共图书馆前面的四车道街道上，距离博伊尔斯顿街的终点线约 90 米。博伊尔斯顿街是波士顿市中心最漂亮、人口最密集的街道之一。在街道对面安置着医疗帐篷 B，与帐篷 A 一模一样。

与往年一样，在 2013 年，帐篷 A 里面非常拥挤，近 200 个聚酯薄膜覆盖的轻便小床反着光，等待接收需要治疗的跑者。帐篷内拉着各种围绳以便悬挂吊瓶，血液实验室位于帐篷中心以便快速周转。帐篷是一个非常热闹的场所，充斥着熙攘喧闹的人群，其中包括医生、护士、理疗师、心脏专家、家庭资源团队、翻译、医疗图表记录人员和通信专家，所有人都已准备就绪，只等着接收那些急需治疗的跑者。

回忆那天下午，各种场景犹历历在目，当时我正在与一名痛苦的跑者一起寻找分离策略，以便应对他腿部的剧烈痉挛。第一枚炸弹爆炸时，我们俩的脸部相距只有半米。

我立刻就知道这不是我们在新英格兰通常听到的声音。虽然我们有大炮、烟花，偶尔也会看到关于井盖爆炸的新闻报道，但这是一种完全不同的声音，因为紧随其后的是一种空洞的回声，而且是在博伊尔斯顿街而不是其他地方发出了这种声音。

我与一位正在过道中治疗另一名跑者的医生朋友短暂地对视了一眼，我们立即明白出事了。我们尽量让自己看起来像没有发生任何事情一样，继续手头的工作，因为这就是当你面前有一位等待救助的跑者时必须要做的事。

短短几秒钟后，爆炸声再次响起。这是第二枚炸弹。我的另一位同事向我走来，他没有大喊大叫，而是冷静地告诉我，在终点线位置发生了爆炸。那时，医生们得到通知，要作为急救人员去现场协助波士顿的紧急医疗队。

我当时决定走出帐篷发放防护手套，因为我发现大多数人忘记了戴防护手套，而防护手套对于确保卫生和安全至关重要。我想做些事情，确保每个人都得到他们需要的东西。但是很快，伤员开始被抬到医疗帐篷，所以我也立马回到了帐篷中。

作为一名比赛心理学家，我试图将伤病较轻的人员从危重伤员中隔离出来，从而避免他们因目睹明显处于重大医疗事件中的受害者的痛苦而遭受更大的心理创伤。

很多帐篷中的跑者是与家人分开的，所以他们也非常担心亲人的安危。我记得当时我正与一个有 4 名成员受伤的家庭交流，他们其中一人的病情非常严重，但幸好所有人都能说话。这时，有一个受伤极其严重、几乎面目全非的伤员被抬进来安置在轮床上，他们转过去看着那位伤员。我请他们看向我的脸，他们照做了。他们必将经历很多痛苦，我竭尽全力，试图缓解那些他们不得不面对的痛苦。

帐篷里的很多人，包括志愿者和正在接受治疗的跑者，都感到害怕，都在试图理解到底发生了什么。他们想要一个清晰的解释。我试图让那些与我互动过的人相信他们现在是安全的，我不断告诉他们事情本不该发生，我非常抱歉他们必须经历这样的事情。

在类似的大规模伤亡事件中，你会意识到你能做很多事情，但作为一个医疗团队，我们能够做的比任何人都多。我们目睹了被送入帐篷的各种各样的伤员，包括被弹片所伤和失去四肢的人。对任何人来说，及时处理伤口都是非常重要的。我的目标是尽我所能地帮助我的团队应对眼前的惨状。他们中的很多人都在问为什么：为什么会发生这种事情？到底是谁做了这些？这些都是正常的问题，而当时我们并不能给他们任何有意义的答案。而且，无论答案是什么，都是充满恶意的，是有人有意为之的。

在爆炸发生后，我的工作是立即安抚与我谈过话的每一个跑者，告诉他们这是不正常的，并让他们知晓爆炸和相关伤害也是不正常的。对于事情如何发生以及为什么会发生，他们感到担忧和迷茫也是合乎情理的，这是每个人都在问自己和其他人的问题，这些问题的确需要解答。

这就是我想谈论的 2013 年波士顿马拉松爆炸案。但我并不想详述当天的事件是如何的血腥和残暴，因为这对于跑者、观众和医疗帐篷里的每个人都是极其不敬的。我不相信引爆者想针对跑者或观众，他们针对的是美国人生活方式的象征，而不是一个特定的人或跑者。这就是为什么他们不袭击附近街角的杂货店，因为这样的地方永远不会引起世界的关注，但是世界贸易中心、五角大楼、波士顿马拉松就不一样了。我们更应该关注的是志愿者的惊人反应，因为他们在当天拯救了如此多的生命。

我之所以想谈论此段经历，是因为我相信这让全世界人民，尤其是跑者感同身受。对喜欢跑步的人来说，无论他们是否会参加波士顿马拉松，这都是一件与他们深度相关的事件。对于我们这些喜欢自由地将一只脚迈向另一只脚前方的人，看见和自己一样的人受到伤害是很痛苦的。

波士顿马拉松主办方知道这种情绪困境。所以第二年，马拉松赛的心理护理人员从 2 名增加到了 60 名。2014 年，我们在终点线以及赛事沿线设置了 26 个医疗帐篷，其中的 22 个配备了心理专业人员。我们还在博览会上设置个人空间，为那些想谈论比赛策略以及如何应对前一年赛事的影响的跑者提供便利。

我对整个跑圈令人难以置信的复原力以及他们发现事物的积极面和相互支持的能力感到骄傲，并为他们持续向受伤的跑者及其家属以及整个跑圈大力提供支持感到自豪。这体现了他们的跑者精神和善良。尽管爆炸案可能会改变一些人对即将到来的赛事的心理准备，但我们不必一直陷于创伤和震惊之中无法自拔。

就我个人而言，凭借多年的临床经验和从爆炸案中得来的宝贵经验，我认为自己会成为一名更专业的心理学家。我认为很多跑者，特别是那些参加波士顿和其他大型马拉松比赛的人会发现，我亲身经历过爆炸案这件事对他们非常有帮助。这似乎为他们设定了一个界限：如果交谈对象已经历过此事，那他们就应该也可以应对此事。因为我这段不幸的经历，人们觉得他们可以准确地告诉我自己的想法，我在他们中间的可信度也提升了。这使我能够更快地与跑者建立更坚固的联盟。

拥有一个跑者必备的大脑

在爆炸案发生后，我们作为跑者所要跑的距离将比报名参加的 42.195 公里更加漫长。即使你只是一个从未参加过比赛的慢跑者或者喜欢参加当地 5 公里比赛的慈善跑者，波士顿的爆炸案也会触动你，让你担心安全问题。这就是恐怖主义，它让你怀疑自己的安全性并削弱那些原本非常强大有力的东西。你是否参加过波士顿马拉松或其他重大跑步比赛并不重要，我们不应该让这种经历阻止自己做任何像跑步一样重要的事情。因此，当你系上鞋带时，当你冒雨踏上路面时，当你在清晨超越校车时，你正在维护一些对于自己很重要的东西。

跑者已经清楚地表明，爆炸并没有阻止他们前进的步伐。坚持不懈仅仅是跑者拥有的惊人特征之一。你可以看到虽然有些人因为双腿抽筋而坐在轮椅上尖叫着被推进医疗帐篷，但一小时后，他们看起来就完全不同了，他们站起来，面带微笑地走出去，并感谢照顾他们的医疗团队。在我看来，爆炸把这种反应放大了。因为我们没有人可以在一小时内抽身而去，但我相信，随着时间的推移，我们会从灾难中重新站起来。

除了从灾难中重生和展现复原力之外，波士顿的经历与我所说的跑者的大脑有什么关系呢？我认为这种关联是密不可分的。

对跑者来说，这场马拉松比赛将人类的大脑置于聚光灯下，就如那场比赛中最新的跑鞋和最高端的科技装备一样。我们一直在讨论如何改善跑者的身体素质，但我认为现在是时候开始给予大脑应有的重视了。对跑者来说，大脑的力量是巨大的，它能够像股四头肌和腘绳肌一样影响速度。它会在跑步过程中引导你跨出每一步；它监控着好的、坏的以及痛苦的方面；它会告诉你什么时候会出事，如果出现了问题，也可以立即找出解决方案。大脑的能力是无限的，即使你觉得必须停下来，也不会影响它。

现在，如果没有问题，我想跳过这段经历，开始讨论如何利用你的大脑来帮助你更好地跑步。正如我一直说的那样，如果你想成为一名跑者，就必须拥有一个跑者必备的大脑。

1. 作为一名跑者，你最大的资本就是你的大脑，但它有时也可能成为你最大的敌人。
2. 大脑的能力是无限的，即使你觉得必须停下来，也不会影响它。如果你想成为一名跑者，就必须拥有一个跑者必备的大脑。

跑步强化脑力

你肯定知道跑步对身体有益，或许也知道跑步会对大脑产生一些极好的影响。事实上，跑步对大脑的作用极其显著，它给你的脑力带来的益处如此之多，以至于似乎它对身体的改善都成了偶然。

几乎每一种认知功能都可以通过跑步来得到强化。一些益处是瞬间的，在汗流浃背的那一瞬间，你会体验到它们。虽然跑步有时只能暂时提高你的心理技能，但这些技能仍然是非常有用的大脑“超能力”。其他益处则是奔跑一生的累积效果，大脑在你跑步的过程中会逐渐重塑自己。

为了让你充分了解运动习惯会对脑力产生什么益处，我可以从基础上为你解释。跑步会让大脑产生许多惊人的变化，这种改变难以计数，让我们集中精力来关注 3 项最引人注目、研究最深入的变化：改善记忆，延缓衰老，增强幸福感。

跑步增强记忆力

跑步可以慢慢地唤醒你的记忆力。一项由不列颠哥伦比亚大学的科学家进行的研究以几十名 70~80 岁的女性为研究对象，她们的轻度认知障碍测试结果呈阳性。人的记忆能力比大家通常认为的要高，哪怕对一个高龄老人来说也是如此。科学家们要求第一组女性每周数天慢跑或在跑步机上轻快地行走，第二组进行举重运动，第三组做一些伸展运动。6 个月后，科学家们又给所有女性做了记忆测试，并将结果与实验开始时的测试结果进行了对比。

研究表明，做伸展运动的女性失去了一些认知功能，她们的记忆力衰退了。慢跑者和举重者的空间记忆力都得到了改善，这种记忆力专门负责存储关于场所和事情发生过程的信息。只有跑步机步行者在文字和其他语言记忆方面取得了进展。

这些发现中有一些关键信息非常重要：慢跑者和步行者的记忆力不仅保持了稳定，而且得到了一定程度的改善。如果记忆力能够保持不退化，就算是一个足够好的结果了。但是如果你在黄金年龄阶段能够增强记忆力，那这就是上天赐予你的礼物了。

越来越多的研究证明，所有心血管锻炼都会增强记忆力，它们的大部分研究对象都是跑者和步行者，以上研究只是一个例子。心血管锻炼似乎会通过触发脑源性神经营养因子的生长，来增强现有神经元的健康程度并促发创建新的神经元，特别是与记忆存储相关的各个脑区。除此以外，跑步还会对你产生一种奇迹般的作用：你不仅可以长久保存已经存在的记忆，而且可以扩展和增强你的记忆。

跑步延缓衰老

从你出生到死去，你的大脑都在不断重塑自己。你所有的想法、行为、情绪和体验就像一群雕塑家，它们将灰色物质这一建筑材料变成了令人惊叹、别具一格的存在。

跑步是一个特殊的雕塑家。它不是将指纹而是将足迹留存在你的大脑中。通过增加流向大脑的血液，它利用生物化学工具“神经可塑性”来创建更多神经连接，并加强了神经元内部的连接。同时，它将新生神经元浸泡在脑源性神经营养因子中，它们的功能因此得到了强化。

这一结论的证据主要来自圣迭戈萨克生物研究所（Salk Institute for Biological Studies）的工作成果。该研究团队发现，任何类型的体育锻炼都可以帮助产生新的脑细胞，即使在衰老的大脑中也是如此。他们的研究显示，每周只需 3 小时持续的心血管活动，比如跑步，就会延缓甚至逆转大脑萎缩，特别是在负责记忆和高认知的脑区。

另一项研究显示，即使只有一次慢跑经历，大脑成像测试也证明神经通路得到了强化，并且认知灵活性也显著提升了。所有这些证据都表明，即使你已老去，跑步哪怕不是最好的保持大脑青春永驻的方式，也是其中之一。

跑步提高幸福感

虽然很多“沙发土豆”都像蛤蜊一样快乐，但是作为一个跑者，你的目的是获取一种满足感和内心的安宁。以下是你如何获取这种心态的方法。

每一次奔跑都是一个激励的过程。你设定了一个目标，一旦完成就会给你一种成就感和自豪感。如果你在此过程中碰巧既减轻了体重又变得更加健康，那么你的自我感觉就会更加良好。正如我将在后面的章节中解释的那样，跑步会刺激大脑，帮助创造性思维的良好运作，让你可以更好地融入周围的世界。我们也将讨论目标设定，因为我认为它是一个关键的跑者思维策略。

运动可以促进特定的神经可塑性变化：改善情绪和自信心、减少焦虑，并让人更容易放松。对初跑者来说，它可以加速内啡肽的分泌，那是一种产生“快乐”情绪的化学物质，可以减少对疼痛的感知并让人振作精神。另外，跑步会降低与压力相关的激素皮质醇的水平。同时，锻炼和积极的情绪都会加强免疫系统，所以你会较少地感到不适和痛苦。

一些研究测试了一个假设，即任何类型的有氧运动都可以帮助消除焦虑并使人心情愉快。参与者一共有 154 人，其中有三分之一的临床抑郁症患者选择服用抗抑郁药，另外三分之一参加有氧运动计划，最后三分之一同时采取以上两种方式。在 4 个月后的评分中，每个组中都有超过 60% 的参与者不再患有临床抑郁症。但研究结束 6 个月后进行的后续研究发现，运动的效果远远强于药物的作用。

我并不是建议你将医生开的抗抑郁药全部换成跑鞋，但我建议，如果你经常会感到忧郁和沮丧，那么围绕街区跑几圈肯定不会对你造成任何伤害，反而很可能会有所帮助。具有讽刺意味的是，很多人在抑郁时往往会忽略有氧训练，但这可能是帮助他们振奋精神的最有效的举措，因为它可以重新平衡他们的大脑化学物质。当然，抑郁会影响动机和精力，这就是所谓的因看不见绿灯而产生的问题。如果你正在服用抗抑郁药，那么与你的医生讨论运动疗法的效果绝对是值得做的尝试，请及时向他们咨询相关情况。

顺便说一下，你听到的关于跑者的愉悦感（跑嗨了）其实是一种特殊的幸福感。我听有些跑者说，这种体验让他们的大脑极度敏锐，因为身心之间的同在感非常高。与我之前提到的长期抗抑郁效果相比，这种感受是转瞬即逝的，但他们可以对动机产生真实、持久的影响。也许你从未体验过跑者的愉悦感，其实许多终身跑者也未曾体会过，但那些不同层次的感觉通常会以某种方式体现出来。

科学家认为，不管跑者是否会产生愉悦感，跑步这一行为都会刺激大脑的奖励中心，包括纹状体和伏核脑区。如果这些脑区在一两次跑步中体会到了你吃巧克力或抽烟时的愉悦感，你甚至可以说自己此时对跑步轻度上瘾了。

我们知道，在剧烈的体力活动中，人体会分泌一种被称为内源性阿片样物质的化学物质。这些化学物质是人体自然产生的，效果类似于鸦片和吗啡，会影响与疼痛管理、愉悦和放松有关的脑区。我们也知道，大脑会释放内源性大麻素，类似于大麻中发现的大麻素。对小鼠进行的研究发现，小鼠大脑中的大麻素受体位点接收到的刺激程度与它所在的踏转轮的旋转增速有关。当然，吸食大麻肯定不是开始跑步生涯的方式。

虽然我们知道跑者的愉悦感是真实存在的，但不知道为什么会产生这种愉悦感。现在并没有明确的理论能说明，为什么有些人会体验到这种感受以及锻炼中产生的其他快感。有一种说法是，新手跑者似乎比经验跑者更容易产生这种愉悦感，因为他们可能需要用这种方式来忍受外胫夹和肌肉酸痛的最初疼痛，从而坚持下去。或者，这种愉悦感是一种自我保护，是你的大脑确保你成为终身跑者的方式。无论什么原因，对那些有幸能偶尔有此体验的人来说，这是一种很棒的感觉。在第 7 章中，我将详细讲述跑者愉悦感现象，并说明跑步时如何追求这种幸福的状态以及即使你从未有过此类感觉也无关紧要的原因。

除了提高你的记忆力、让你的大脑青春永驻以及让你快乐这 3 个众所周知的益处，跑步与许多其他大脑功能的强化的相关性还没有得到研究的充分证明。毫无疑问，这些研究将会继续下去。你已不需要证明你对跑步的热爱，你显然已经是忠诚的粉丝了，因为你很清楚在跑步过程中，付出与回报总是成正比的。

跑步强化脑力的 3 个表现：

1. 增强记忆力；
2. 延缓衰老；
3. 提高幸福感。

03 脑力让你成为更优秀的跑者

想象你此刻正处于一个嘈杂的鸡尾酒会上。房间中热闹非凡，你几乎无法与周围的客人对话。突然间，房间里有人提到了你的名字，噪音瞬间就像蜡烛一样熄灭，人群似乎分散开来。就像拥有魔法一样，你可以过滤掉所有的干扰并训练你的耳朵在公共场合追索自己的姓名。

你的大脑为什么能够这样做？如果有人在谈论你，你肯定会不由自主地注意他们。他们可能在赞美你，在谈论一些你想知道的东西，或者在诋毁你。除非你仔细倾听，否则你不会知道他们讨论的内容。

你的大脑是如何做到这一点的呢？每当你的大脑忽略不相关的数据，把注意力集中在重要信息，比如你的名字上时，都是网状激活系统这一神经区域在起作用。简而言之，这个松散的神经元和神经纤维网络开始于大脑后部的脑干，并通过大脑其余部分来帮助管理睡眠、呼吸和心率，但其真正的超级力量是筛选传入的信息以确定哪些应得到关注，哪些应忽略。不管是新手跑者、经验跑者还是中等水平的跑者，这都是一个好消息。

你可以把你的网状激活系统视为你大脑的快速拨号系统，它由所有重要的电话号码组成。如果它听到任何拨进来的号码，例如鸡尾酒会中出现的你的名字或者像正在爬过你腿部的蜘蛛造成的痒感那样的新颖反馈，它就会将信息在你的意识和潜意识之间切换，以确保你的大脑在通话中收听到相关信息。

如果没有网状激活系统，传入的信息就会让大脑过载，并且你在分类优先事项时就会遇到麻烦。通过放大环境中的相关因素并将其置于你注意力的顶部，网状激活系统会帮助你将注意力集中到最需要的地方上去。

例如，你正在通过计算机搜索一个特别的文件。在某种程度上，你会感觉到周围的一切事物：空调的嗡嗡声、同事的聊天声、你的指尖在键盘上敲击的感觉、你搜索出来的几十个文件……网状激活系统的工作就是过滤掉所有的噪音，让你无须分心就能快速浏览相关词语。如果你要找的文件似乎是一下子就“蹦”到了你的眼前，那就证明网状激活系统已经成功地完成了它的工作。

大脑如何强化你的跑者身份

也许你有过以下体验：

你穿着运动紧身衣和运动鞋在杂货店门前排着长队，你与身后的人谈论西兰花的价格或你要买什么。过了一会儿，这个人指着你的衣服，问你是不是跑者。

你可能会结结巴巴地说："嗯，是的。但我只是偶尔跑一跑，称不上是一名真正的跑者。"

或者说："我虽然跑步，但跑得很慢。"

抑或说："我已经完成了一些比赛，但不认为自己是一名跑者。"

弗朗茜·拉里厄·史密斯（Francie Larrieu Smith）告诉我，当有人将她介绍为跑者时，她有时不知道该如何回应，尽管她是一名参加过5次奥运会田径比赛的选手，并且是一名自认为终身跑者的成功教练。

在你能自信地回答"是的，我是跑者"之前，你的网状激活系统需要有这样的信念，并将它向你大脑的其他部分传递。**你要做的就是，向网状激活系统尽可能多地传达不同类型的关于你是一名跑者的信息，这就是加强你作为一名跑者的身份认同的方法。**

这个方法的原理是这样的：网状激活系统会对你大脑的很多部分产生影响，其中之一就是认知功能，这反过来直接影响你的信念系统。信念系统最重要的工作之一是，发现、选择并保留任何支持你对世界和自身看法的信息。所以，请思考你在生活中遇到的与跑步相关的一切信息：你买的第一双跑鞋、你的第一次速度训练、你参加的第一场比赛、你跑的第一次16公里……

所有这些"第一"在发生时可能都非常有吸引力。你可能会感受到高度的热情，因为这些事件是新鲜有趣的。但过了一段时间，那些让人兴奋不已的颤抖就没有那么频繁了。现在当你定期购买运动鞋时，当你每周进行两次跑步锻炼和参加各种比赛时，当你每个月的一个周末都跑一个16公里时，这些关于跑步的各个方面的信息不断被编织进你的身份认同中。

一旦你形成一个信念系统，那些规划和习惯最后都会自然而然地形成。消极想法会破坏信念系统，积极想法却会起强化作用。因此，如果你能够建设性地用树立信心的经历和信息来填充网状激活系统，从而强化自己的信念，你就会开始像跑者一样感受和行动了。强化身份认知的事件的数量越多，信念就越强。而且因为网状激活系统只能保存有限的信息，所以你得定期向网状激活系统有意发送“我是跑者”的信息。

相反，如果你怀疑或觉得自己不配被称为跑者，就会寻找各种证据来支持这个怀疑，比如：你跑得太慢了、你的身体结构天生不适合跑步或者你跑得不够多。你的网状激活系统可能会受到诱导接受这些想法，把它们当作你无法称自己为跑者的不可辩驳的证据。经常跑步的人告诉我，他们之所以接受这些消极想法并轻易向挫折妥协，是因为他们没有在跑步方面取得令他们自信的成就。通常情况下，事实与此恰恰相反：你只有先有信念，然后才能实现目标。请记住，网状激活系统只能保存有限的信息，因此请更明智地选择信息。

你需要将关于你目标和身份的具体线索发送到你的意识中，从而巩固你的信心。网状激活系统会将这些信息传递给你的潜意识，信息在意识和潜意识之间的循环传递将再次强化你想要保留的信息。所以，如果你相信自己是一名跑者，就会成为一名跑者。尽管相反的情况也存在，因为即使是最优秀的跑者，有时也会不自信，但这也不能改变事实。

假如你已经受伤几个星期，并且还没有恢复到能够跑步的程度。你可能会开始感到气馁，并考虑放弃跑步生涯。但是如果你大脑的网状激活系统充满了积极想法、正确的环境线索和安全感，那就不会轻易动摇你作为跑者的身份认同。与其轻易选择放弃，不如让网状激活系统帮助你渡过难关，并在你的身体准备就绪后立即抓住时机重返跑道。

我最近与波士顿马拉松赛冠军兼《跑者世界》杂志特约编辑安比·波夫特（Amby Burfoot）进行了一次谈话，他的经历完美地说明了为什么你不应该让挫折影响你对自己作为一名跑者的感受。正如他指出的那样，哪怕是他，也没有跑赢所有的比赛，也不会每一次都创造世界纪录。

“我过的好日子比坏日子更多，”他说，“诀窍就是把美好的日子放在心上，并且牢记自己的成就并不是侥幸获得的。”安比说，你表现最好的日子代表着你的潜力，而这往往足以成为继续跑步的理由。我认为这是明智的建议。

所以如果你被问及是否对自己是一个跑者持保留意见，而答案是肯定的，那么你的网状激活系统就需要一些激励性言语。让我们用积极想法滋养它，并不断向它传达你毫不愧疚自己作为一名跑者的身份认同。但请记住，即使是像网状激活系统这样勤奋的编辑，也只能处理有限的信息。这就是你向神经系统发送信息时，必须做出有意识的选择的原因。

强化跑者身份，成为更优秀的跑者

所有具备满足感的成功跑者，不管处于何种级别，都会有意识地用良好的精神感应来培养他们的网状激活系统。下面有六大策略来推动你的网状激活系统朝着你理想的方向发展。

策略 1：学习关于跑步和成为跑者的一切知识

你听说过知识就是力量吗？对于网状激活系统，知识就是信念。你要学习关于跑步和成为跑者的一切知识。这就是我推荐大家购买《跑者世界》

和其他你可以接触到的与跑步相关的阅读材料的原因。

阅读完这些材料后，把它们放在你目所能及之处，也可以剪下特别的文章或图片并在运动过程中展示。你可以梳理本书，翻阅杂志，浏览互联网上的跑步网站。你可以考虑运营自己的博客，仅供朋友和家人阅读，他们是你最忠诚的粉丝，会通过发表评论或赞美你来强化你的跑者身份。你可以广泛涉猎，涉及从技巧到比赛日策略的所有内容。不要只阅读关于怎样做的内容，你还可以从传记中收获很多东西。这是向他人学习的最好方法之一，他们通常会“亲自”告诉你，他们如何通过一步步地学习来实现自己的目标。如果你想要提前体会一下可以从传记中学到的经验，就请翻到附录。一些最伟大的运动员曾实事求是地说过自己的经历，并且在脑力训练方面给出了忠告。

策略 2：与其他跑者一起跑

他们每天早上都会围绕公园跑步，他们正在去诊所看病的路上，他们将自己的相关信息写在论坛上。所以你可以轻而易举地找到能教你跑步术语和技巧的人。我们应该将其他跑者，特别是经验跑者，作为团队的智囊。我认识的大多数跑者都非常乐意分享自己的比赛故事。听取他们的意见，并向那些已经征服了你即将要踏上的征途的跑者学习一两招，从而避免陷阱。如果你足够幸运的话，就会找到一个完美的跑团或一个完美的导师把你收到麾下。

我喜欢马拉松大师杰夫·加洛韦（Jeff Galloway）成为跑步运动员的动机。这是一个跑者会影响其他跑者的完美例证，他说：

> 当开始跑步时，我是一个非常胖的孩子。因为在我上八年级时，学校要求每个男孩放学后都要出去参加艰苦的田径比赛，所

以我才被迫跑了起来。

一些非常懒散的小伙伴告诉我冬季越野其实很好玩，因为你可以对教练谎称你要跑步上山，然后在树林的边缘躲起来。所以我就这样躲藏了两天，然后有一个我喜欢的大孩子走过来对我说："加洛韦，你今天和我们一起跑。"

我想自己当时应该是被他们的年龄和威望征服了，所以决定和他们一起跑步，但仍暗中思忖要在树林里偷偷跑掉，不过他们真的很好玩、很有趣。他们不但讲了一些妙趣横生的故事，而且在跑步过程中八卦起了老师。所以我尽可能留下来，但是第一天我并没能跑得很远。在这以后的10周时间里，我对跑步这种社交方式以及它赋予我的力量感到着迷。

顺便说一句，即使你已经是一个极其优秀的人，但天外有天，人外有人，你仍然可以从其他跑者那里学到很多东西，无论是经验丰富的老手还是刚开始跑的新手。新手也许没有太多深层的信息可以传授给他人，但他们会带来一种全新的视角。

策略3：合理规划你的自我对话

网状激活系统始终处于对某些信息的警戒状态，如果是与生存、安全或设定目标相关的重要信息，它将允许这些来自你触觉、听觉、视觉等所有感官的重要数据中断你正在做的事情。也就是说，你可以通过选择来有意图、有目的地管理你的感官大门。通过积极的肯定陈述来让你的大脑保持活跃和成功的状态，这是一个非常不错的方法。我将在后面的章节中探讨自我对话。

请注意，你的网状激活系统无法区分真实事件和想象事件。它会关注你发送给它的任何消息。例如，当你想象你可以轻松跑出8公里时，这种假想的练习可能会帮助提高你完成这个距离的实际能力。当然，想象不能代替现实，但它可以非常接近现实。正如你将在即将到来的章节中学到的那样，你的体能训练和大脑的力量结合起来将会是一个强大的组合，它有助于你成为一个更好的跑者。

策略 4：设定目标

我在此书中会着重描写设定目标的重要性。为什么呢？因为我相信如果你想完成跑者能做的所有事情，目标设定可能就是你最有价值的工具，无论你是想参加当地的 5 公里比赛还是想赢得奥运会比赛，它的重要性都不言而喻。即使你没有意识到自己正在考虑这些目标，但你的大脑知道它们的重要性，并且会记录下与它们相关的所有事情。

世界上一些顶尖跑者的亲身经历让我确信，无论他们是否意识到了这一点，每个人都对自己的目标像激光一样专注。超级马拉松运动员迪安·卡纳泽斯（Dean Karnazes）被称为“可以永远跑步的男人”，因为他可以连续跑 3 天而几乎不感到疲劳。他告诉我，他一直在不断为自己设定目标。

“对我而言，目标是短期的里程碑，也是梦想道路上正在跨出的无数个婴儿步伐。”他补充道。他先为自己树立一个远大的梦想，然后反向推导、调整目标，最终实现梦想。卡纳泽斯在如何设定目标这条道路上正以风驰电掣般的速度挺进，他告诉我：

> 我的下一个梦想是开展一项全球性的远征计划，即一年内在全球每个国家都完成马拉松比赛。为了完成这一计划，我正在联系政府部门和联合国，希望能获得全球 204 个国家的护照及入境许可。通过设定目标来完成所有必要的任务是实现这一梦想不可或缺的工具。

你不需要成为精英，甚至不必是一个天生的运动员，就能制订出一个乐观的目标，帮助自己形成一个积极活跃的网状激活系统。我见过普通运动员通过将目标置于思想的最前端而拥有了令人满意的跑步生涯。除非你认识到成功的意义所在，否则就无法取得成功，目标则可以通过明确定义成功来帮助你建立积极的自我意识。

策略 5：穿着得体

一个让你看起来更像一个跑者的方法是穿得像一个跑者。衣着会影响一个人的心理状态，这一理论被称为“着装认知”（enclothed cognition）。一言以蔽之，若你穿着一身外观看起来很专业的抓绒上衣和光滑的紧身裤，再搭配一双颜色鲜艳的运动鞋，看起来就会跑得很快，这可能会让你的大脑准备跑得更快一些。我记得小时候，每当穿上新的网球鞋，我就会跑得更快。我会在第 9 章深入探讨该理论。

策略 6：跑！

总而言之：跑，跑下去，再跑下去，尤其是在你不想跑的日子里更要如此。通过日程安排，你可以逐渐把跑步变成一种日常习惯。跑得越多，你就越会像一个跑者那样思考。你越认为自己是一个跑者，就越会相信自己是一个跑者，然后你就会跑得越多。这种思维再正常不过了。

要成为一名跑者，你必须学会如何像跑者那样思考。你可以教会你的网状激活系统把不相关的信息推到一边，用积极信息填充你的大脑。你可以考虑从第一个跑者身份形成的策略开始，进行一两周的尝试，然后再进行更深层的拓展。长此以往，你的信心会得到加强，而且我敢打赌你的运动表现也会有所提升。

1. 如果你相信自己是一名跑者，就会成为一名跑者。

2. 强化跑者身份，成为更优秀跑者的六大策略：

（1）学习关于跑步和成为跑者的一切知识；

（2）与其他跑者一起跑；

（3）合理规划你的自我对话；

（4）设定目标；

（5）穿着得体；

（6）跑！

第二部分

优秀跑者的六大思维策略

你的大脑每一天都会产生数以千计的想法。作为跑者，其中有一部分想法与跑步有关。也许到目前为止，你的想法是随机的、无计划的。我认为，很多选手都是如此。有时候，我会遇到一个自然而然地以最有利于运动表现的方式思考的跑者，但是我合作过的大多数跑者只能利用一小部分想法来帮助自己塑造这种思维模式，从而获得优势。

要想利用思想、感情和情绪的力量，第一步就是要更多地意识到它们的存在。在这部分的前两章中，我会详细讨论这一点。我也会给你一些指导，帮助你在正确的方向上推进你的想法，使你成为一名更加成功的跑者。之后，我会解释为什么你无法控制大脑高度活跃的状态，比如跑者的愉悦感，但是我会告诉你如何让你的大脑活跃起来，以便你更有可能体验到它们。最后，我会告诉你为什么跑者更容易产生奇思妙想，以及如何利用你的“迷信”思想来获得优势。

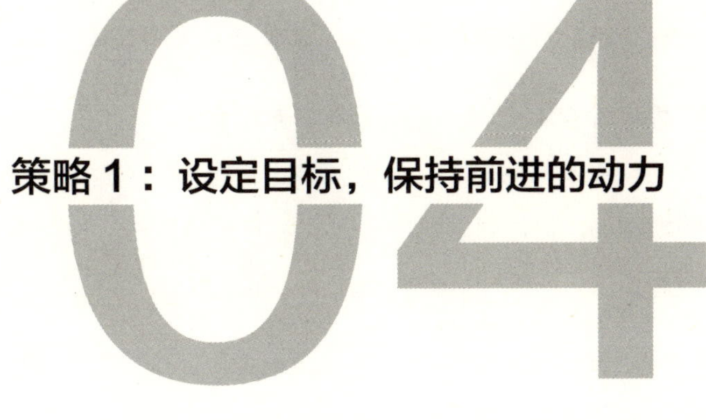

策略 1：设定目标，保持前进的动力

杰夫·加洛韦是奥运会马拉松比赛的运动员和跑步教练，他曾告诉我他如何在波士顿马拉松爆炸案的第二年获得参赛资格。他感觉内心有一股力量正在驱动他完成获得参赛资格这一目标，这种感觉他只在 1972 年获得奥运会参赛资格时有过。参加波士顿马拉松对他来说已成为一项不可辜负的使命。他说：

> 在费城的一家诊所里，有人问我波士顿发生爆炸案时我的感受，突然间我想到了一件类似的事情，那就是“慕尼黑惨案”。1972 年，一个自称为“黑色九月”的巴勒斯坦解放组织将暂住在奥运村的以色列奥运选手、教练和工作人员抓为人质，并最终将他们全部残忍杀害，我们在奥运村举行了几次关于此次事件的真

挚的自我反省会议，它们的意义与波士顿马拉松爆炸案之后所开的会议一样深刻：“没有人能够阻止我们参加比赛。”

惨案发生 4 天后，美国运动员弗兰克·肖特（Frank Shorter）赢得了奥运会马拉松比赛的冠军。他很清楚，走上赛场意味着将自己“暴露”在敌人的视野下，但他在采访中表示，一旦开始跑步，他就不会考虑安全问题，因为他知道，如果他因恐惧而退缩，那就意味着恐怖分子得逞了。

所以加洛韦在整个夏天都积极训练，状态愈发良好，在之后的比赛中发挥出最佳水平。他参加了俄亥俄州的空军马拉松赛，并且表现突出。但遗憾的是，他的完赛成绩比波士顿马拉松参赛资格多了 38 秒。

如果他就此放弃，没有人会责怪他。这是一次勇敢的尝试，他距离成功只有一步之遥。然而，失败并没有打倒他，而是帮助他积聚力量东山再起。

“我开始回顾每一场比赛，分析比赛过程，我在大多数比赛中表现不佳，或者与我预期的正好相反。想通了这一点，我开始将自己的状态调整归零，对自己进行切合实际的预测。”他回忆道。

加洛韦说，他会从自己的每一次错误中吸取教训，然后重新调整自己，一心一意只为目标而奋斗。他重新思考并调整了自己的训练方式，继续向着目标前进。几个月后，他在佛罗里达州的太空海岸马拉松赛中再次为波士顿马拉松参赛资格奋战，最终以比参赛资格少 6 秒的完赛成绩大获全胜。

“那是异常艰苦的一天，”他说，“温度有 20 多摄氏度，湿度很高。最后的路段尤其艰难，我在最后 5 公里非常痛苦，不得不在最后一公里使出浑身解数，拼命一搏。那是我过去 20 年最满意的一场比赛。”

每个跑者都应该设定目标

在我的办公室里挂着一块马拉松号码布，比尔·罗杰斯（Bill Rodgers）在上面写道："明确你为何身处此地。" 就像罗杰斯非常重视目标一样，加洛韦说他也意识到了设定目标的重要性，即使在平常跑步期间，他也会为自己设立各种各样的目标。同时，他在数百万册的书籍中，在培训数千名跑者时，传达这种价值观。和我一样，他认为目标设定是每个跑者在思维策略和跑步上获得成功的基础。

多年以来，与我交谈过的很多参赛选手都未能准确评估他们现在真正拥有的能力，或者未来他们真正能够具备的能力。他们完全未曾设想过自己到底希望通过跑步实现什么目标，这真的让人备感遗憾！

在我看来，每个跑者都应该设定目标。对大脑的前额叶、执行功能和复杂的认知能力来说，它们最重大的一个任务就是努力实现目标，这绝非偶然。没有目标就没有方向，也就没有合理的方式来引导你的能量。俗话说得好："心中无路，则无处可达。"

如果你不是一个求胜心切的跑者，可能会误认为设定目标是浪费时间。但请相信我，你投入在目标设定上的每一分钟都是值得的。因为目标是一种驱动力，如果你的程序中没有目标，那么跑步时就没有目的感。日积月累，量变最终会引起质变，某一天，打开门锁出门就会变得极其困难。

如果你碰巧是一名求胜心切的跑者，在你训练和不训练、参加比赛和无所事事的日子里，目标就会定义你该做什么。最低程度的目标设定旨在建立一些目的，例如提高个人的最佳时间或最佳距离，然后制订达成这些目的的计划，计划不一定只有一个，而是可以有多个。你的整个训练计划、时间表，或者生活中的其他方面，如饮食和睡眠，都是为了帮助你实现跑步的愿望。记住：你是一名跑者，跑者是有目标的。

设定目标是成为成功跑者的关键

人们对运动心理学中的目标设定这一概念进行了深入研究。马里兰大学心理学教授埃德温·洛克（Edwin Locke）被公认为研究目标设定的先驱，他进行了数百项有助于理解这一科学的研究。由于他和许多其他值得敬重之人的共同努力，目标设定对运动表现的影响才为人所知。这些研究表明，包括跑步在内的每项运动的顶尖运动员都会进行某种目标设定，这一原则可以激励和指导各级运动员在充分利用训练的同时实现最佳状态。

在 1981 年的一篇论文中，对于为什么目标设定对任何运动项目都如此重要，洛克提出了 4 个主要原因。

第一，目标会引导你的注意力。如果你希望能在一个小时内完成一个跑步循环，这个目标将促使你着重训练身体的某一方面，如步频、步幅、呼吸和跑姿。你也可以想出一些路标来衡量你接近目标的程度，比如把经过蓝色房子的绿色百叶窗作为 25 分钟处的标记，或者每周标记下你缩短的时间。

第二，目标会激励你。它们能给你一个继续前进的理由。如果你知道自己正在努力寻找的东西处于何方，那么充满激情地继续坚持下去并且对过程保持兴奋就会容易得多。

第三，如果你对自己目前的表现不满意，那就很容易陷入一个将自己的努力看作一连串失败的陷阱，但有一个长远的目标会让你朝着远处的某

一点继续前进。但我也建议设定一些中间目标，你可以在这个过程中很快就实现它们。跑完计划的距离会让你更频繁地品尝成功。在取得巨大回报之路上，实现一系列较小的“踏脚石”目标能够帮助你将那些迷失的感觉转变为一连串小成功。我希望你能在一次跑步中多次品尝成功的滋味，你也应该这样做。

第四，目标会让你永远保持学习的状态。目标会使你以一种完全不同的方式实现你的跑步计划，让你去寻找新的资源、装备和策略来完成最终目标。每当你调用自己的智慧锦囊时，都会抽到一些可能从未构思过的新想法，并学到一些未曾意识到的新技能。这种思维方式不仅培养了达到当前目标所需的技能，而且抓住了大脑的一个特点，即它更倾向于别具一格的全新体验，这样做会充分地使用和改变你的大脑。如此，你就为下一组、再下一组……目标做好了准备。

正如前文所说，目标设定是使用心理策略的基础，也是成为成功跑者的关键。但是，根据其他研究的结果，我也建议大家还是稍微谨慎一些，注意不要过分强调目标或将目标设定得太高，那可能会引起焦虑并打击你的自信心。即使你拥有世界上一流的跑步能力，进行最合理的训练和准备，也可能会遭遇失败。也许这一天你身体不适，也许你那靠不住的腿筋不好好合作，也许你前一天晚上吃了一只坏掉的虾。谁知道呢？有时候，生活给了你柠檬，却没告诉你如何制作柠檬水。经验跑者更有可能认识到生活的跌宕起伏及其如何影响自己的表现。所以你如何设定目标或者是否会设定目标，将决定你是成为一名经验跑者，还是一名把跑步当成一项遗愿清单项目的“跑者”。

目标设定中有一个必不可少但往往被忽视的方面，那就是复原力和应对失望的方法。如果你不想忽视它们，有一种可行的方法是，制定一些备用目标。它们是次要目标，而不是你的最终目标，比如说，虽然你不能按照自己希望的那样减少10公里的完成时间，但你仍然可以将体重减轻或比同龄人跑得更快视为一个不错的安慰奖。当然，你在参加比赛时也要设定类似的个人基准目标，否则如果仅评估完赛成绩，效果就很容易打折。

制定主要和次要目标的一个方法是，将它们分为最佳的、令人满意的和不错的目标。你的最佳目标是达成所有的目的。令人满意的目标可以成为一个替换目标，即使你没有达到最佳目标，它仍然会给你一些成就感。不错的目标指的是虽然距离令人满意的目标还差一些，但你仍可以收获一些东西，并对你的努力感觉不错。以一场比赛为例，你的最佳目标可能是创造个人最好成绩，你的令人满意的目标可能是以一定的配速在比赛中跑完某一公里，而你的不错的目标可能是铆足劲儿跑过一个长长的坡道或体面地跑到终点线。你要避免认知行为心理学中所说的"漠视积极面"思维，简单地说就是，不要破坏任何成就感。实事求是，这样你就可以通过收集证据来证明你是一个可以实现目标的跑者。这难道不是你想要的吗？

但是，当你为达到目标而专门训练时，请务必小心，不要忽略其他事情。虽然要做到全力以赴，但不要忘记倾听你身体的声音，永远都要享受这个过程。你当然要对你的使命充满激情，但要记住，不要一天24小时、一周7天、一年365天永不停歇。

目标设定工具：GOAL

有很多系统可以用来设定目标，大部分人都见识过的SMART系统就是其中之一，它是一种让目标具体、可测量、可实现、具有关联性、可跟踪的工具。还有很多工具是SMART的变形。总的来说，这是一个有用的系统，但我一直认为它不足以深入到让跑者做出选择的心理层面。生理学可以设定你表现的极限，但心理学会决定你是否能达到这些极限，因为身体只能做心里想象得到的事情。

我喜欢在目标设定过程中注入一些思维策略，所以我设计了自己的目标设定工具，希望这一方法可以在目标设定上帮到你：

G：我能否在**直觉**（gut）中感受到我的目标？

O：我的目标是否**客观**（objective）和可衡量？

A：我的目标是否具有挑战性而又**可实现**（achievable）？

L：我的目标能帮助我**学习**（learn）跑步和其他技能吗？

让我们逐个对它们进行分析。

G：直觉

我说的在直觉中感受目标的意思是，确保你对自己设定的目标有一种情感上的依恋，努力实现你真正因热爱而想实现的事情。对加洛韦来说，他觉得自己与波士顿这个城市和波士顿马拉松赛都有着难以割舍的联系。

你的目标对你来说应该有深层的意义。无论是时间目标、距离目标、减肥目标还是其他目标，它们都应该是个性化的。教练、队友或配偶都会为你提供一些目标设定的指导，但最终只有你自己知道你最想要什么。如果在一场大型赛事中，有两万多名的选手参加，就会有两万个不同的参赛理由，并有两万种不同的跑步方式。

无论你的目标是什么，都要以积极的可衡量的方式表达出来。与其考虑像“不要垫底”这样的目标，不如更多地尝试以下表述：“我想跑出自己最好的比赛，并位列前一半完赛选手之中。”当你同时有几个目标时，可以对它们优先排序，比如尝试用最佳的、令人满意的和不错的目标区分方法。

这可以帮助你避免疲劳过度，并且无论最终结果如何，你都有更多的机会体会成功和满足感。

O：客观和可衡量

你的目标要精确、合理，避免模棱两可、含混不清。基于上面你表达的想要跑出自己最好比赛的例子，更好的表达应该是："在本赛季结束之前，我希望能够将5公里比赛的成绩缩短3分钟。"将日期、时间和距离等详细信息包含在内，可以让你衡量进度并记录你完成最终目标和"踏脚石"目标的成就感。客观的事实和良好的数据让你确切地知道自己在这个过程中所处的位置。不要依赖记忆来记录这些数字，而是创建一个跑步日志来记录你的表现。通过这个可视化日志，你可以向你的网状激活系统发送你是一个跑者的信息。

同时，我也建议你设定一些基准目标。数据统计很重要，因为它消除了关于进度的所有模糊性。不要只是猜测，而是做一些实际测量。例如，假设你的目标是在40分钟内跑8公里，那么你就可以做一个测试跑。如果你使出浑身解数，发现自己只能在45分钟内跑完这个距离，现在的目标就很明确了：为了达到你的目标，你需要把完成时间减去5分钟。与此同时，你也给了自己一种精确衡量中间进度的方法，也可以想出不错的和令人满意的中间目标，比如将你的完成时间缩短到44分钟，或者在你的下一次计时跑中快速跑完一公里。

A：可实现

太容易实现的目标并不值得你系紧鞋带，冒雨前行。同样地，一个疯狂而又明显超出你能力范围的目标将会令你沮丧，也无法起到激励作用。

后者被无数研究证明，次数几乎与比尔·罗杰斯被请求签名的次数一样多。

最佳目标是通过努力锻炼和聪明训练能够实现的目标。如果一个目标只需要几天就能完成，那么它就不具有挑战性。但是，如果目标的实现看起来遥遥无期，那么你可能就会产生一种无力感，此时最好将目光瞄准其他短期目标。选择一个能够让你发奋努力、专心致志几个月的目标，这就是理想的目标。

你可能需要几番尝试，才能在太难和太容易之间找到合适的平衡点。奥运短跑运动员和世界纪录保持者迈克尔·约翰逊（Michael Johnson）向我描述了他对目标设定方法的几点看法，真可谓鞭辟入里、直击要害。他说："在某一时刻，我将自己的目标从试图赢得比赛转为尝试打破世界纪录，这对我来说是一个全新的动力。"

这就是目标设定的精髓所在。如果你在不流汗的情况下轻易实现了目标，那就将你的下一个目标设定得稍微难一些。如果目标的实现遥遥无期、困难重重，那就将下一个目标设定得容易一些。你需要调整，直到找到窍门。

此外，在设定目标时，你需要考虑到你的健康状况和训练水平。在这方面，经验跑者会比新手面临更多的困难，因为一名跑者的身体素质越好，训练的时间越长，可以提升的空间就越小。当你已经有长达 10 年或更久的跑步经历时，与初跑者相比，你的潜力可能已经发挥得差不多了。即使进行勤勉的训练，你也不可能获得与初跑者同样巨大的飞跃。对一个经验跑者来说，缩短几秒钟的完赛时间可能是一个合理的愿望，而初跑者可能会设定在一个赛季降低总耗时的 10% 甚至更多。

L：学习

正如埃德温·洛克的研究所揭示的那样，让你处于学习模式的目标是最具吸引力和最能激励你的。对于自己的能力以及你能在多大程度上鞭策自己，你应该有更多的了解。如果你学到的东西表明你应该调整你的目标，那就应该这样做。

我见识过一个案例，有人把目标设定的知识成功地应用到生活中其他方面。我认识一位超级马拉松运动员，她认为跑步经历可以帮助自己完成艰巨的任务。当她在训练中加入了一个高难度项目时，她告诉自己，如果她能围绕着中央公园跑完 6 圈，那就可以完成这些额外的训练。她甚至将分娩与前几年参加的一个高山越野赛做比较，从而帮助自己顺利生产！

关于目标设定的 5 条建议

我还有 5 条关于目标设定的建议，希望你牢记在心。

1. 当你考虑目标时，我更希望你关注基于表现而不是基于结果的目标。表现目标实际上是一组有效通往结果目标的小目标。例如，如果你的结果目标是在 4 小时内完成马拉松比赛，那么你应如何确定实现这一目标所需的个人小目标呢？你当然可以设定一个结果目标，比如说进入你年龄组的前十名，但事实上，你拥有更多控制权的是自己的表现而不是排名结果。如果你碰巧遇到了状态糟糕的一天，或者其他人碰巧比你拥有状态更好的一天，那么即使是更出色的表现也不会让你满意。

2. 预期挫折和失败。当你刚开始一个新的常规训练时，会感觉比平时更疲惫。当你增加训练量或适应新训练时，完成时间实际上可能会增加。但是，你的身体会调整，你会逐渐学会适应更大的强度。你需要保持耐心并瞄准目标。

3. 当你达成一个目标时，不要直接过渡到下一步。作为一个真正的跑者，你应好好犒劳自己，尽情享受一下这让人心满意足的美好时光。你付出了如此多的努力才从 A 点到达了 B 点，所以为你的成就感到骄傲吧。如果完成了一个非常重要的目标，那就奖励自己吧！

4. 准备就绪后，翻到第 18 章并复制几张目标设定工作表。在这张表上写下你的目标。把目标在电脑上打出来或在纸上写出来，这样做赋予了它们重量、质量和电荷，从而使目标具体化。这也让目标从想法转变为行动计划，你会想："是的，我真的会这样做！"

5. 利用目标设定工作表逐步构思你的跑步目标。将已经完成的表格贴在冰箱上、粘到镜子上，或者放置在任何你可以看见的地方。它会每天提醒你想要完成的目标，并在已经达到目标时或需要时，让你重新评估你的目标设定。我希望你也可以记住这一点：虽然实现目标很重要，但也要享受过程。

既然你的目标已经到位，在第 5 章就可以学习下一个跑者思维策略：让成效可视化。

THE BRAIN RUNNER'S 跑者贴士

1. 目标设定工具：GOAL。

G：能否在直觉（gut）中感受到自己的目标？

O：目标是否客观（objective）和可衡量？

A：目标是否具有挑战性而又可实现（achievable）？

L：目标能帮助自己学习（learn）跑步和其他技能吗？

2. 关于目标设定的 5 条建议：

（1）当考虑目标时，更关注基于表现而不是基于结果的目标。

（2）预期挫折和失败。

（3）当你达成一个目标时，不要直接过渡到下一步。

（4）准备就绪后，翻到第 18 章并复制几张目标设定工作表。

（5）利用目标设定工作表逐步构思你的跑步目标。

05

策略 2：让成效可视化，实现突破性表现

我们在前面已经讨论过把目标设定作为前进动力的重要性，现在让我们为你的思维工具箱添加另一个工具——可视化。这条跑者思维策略包括：在你的脑海中“看到”自己的步伐，在你的想象中“感到”你的体力消耗，并像在实际跑步中一样“体验”每一种感觉。你可以把它想象成正式比赛前的一次彩排。

早在 20 世纪 70 年代，苏联奥运选手就以使用可视化技术而闻名，当时他们在世界范围内主宰了许多运动项目。他们的一些训练思想，包括可视化，引起了体育界的广泛注意。现在，你可以在各种体育项目的高级别训练中找到可视化技术的运用，包括棒球、足球、高尔夫、游泳、拳击，当然还有跑步。

也许在使用可视化策略来实现突破性表现的跑者中，最著名的例子之一就是美国马拉松运动员马克·普拉特杰斯（Mark Plaatjes）。他在 1993 年德国世界锦标赛上获得了令人难以置信的意外胜利，他将这一切都归功于积极的训练计划和对心理意象的使用。他甚至在下飞机之前都在脑海中研究整个过程，对于比赛过程中的每一个坡道、每一块石头、每一个坑洞，他都非常了解，仿佛之前已经在这个赛场上跑了很多次。他的脚趾跨过起跑线前，他就已经设想并计划好了应对任何可能发生的情景。因为在他的大脑中，他已经很清楚自己可能会遇到的所有干扰，所以他可以只专注于跑步。对普拉特杰斯来说，自从菲迪皮德斯从希腊马拉松跑回雅典后，这是最激动人心的马拉松比赛之一了。他在距离终点线几米时还在飞速狂飙，他以自己在脑海中想象过无数次的方式越过了终点线。

专业运动员不是唯一可以有效使用可视化的人。很多普通跑者也会经常使用这种技术来帮助自己实现目标。简单地对某些东西进行想象并不能让你实现超常水平的发挥。但是，当你能够清晰地描绘实现目标的场景时，你离真正实现它就又靠近了一步。与其将你的进步局限于真正跑步之时，不如在泡澡、候车或坐在办公桌前也享受这种成功的滋味。

不过，无论如何，你都必须积累一定的跑量。普拉特杰斯说，如果他没有进行适当的训练，可视化对他来说就不会有效果。作为一名跑者，你肯定知道他说的是事实。但我一直坚信，当你把身体和思想融为一体时，你的表现会更加完美。

可视化有助于运动表现

大量的研究表明，视觉表象非常有利于运动技能、动机、心理复原力、信心等与表现相关的因素。尽管很少有研究调查运动员如何从使用可视化中获得益处，但大部分研究都将运动员列为参与者。

克利夫兰诊所基金会（Cleveland Clinic Foundation）进行了一项研究，比较在健身房举重的新手举重者与一群只在大脑中想象举重的举重者。实际锻炼的举重者增加了约 30% 的力量，同预计的一样。但令研究人员十分惊讶的是，虚拟举重者也获得了一定程度的收益，他们不费吹灰之力增加了将近 14% 的力量。所以相较于从未想象过举重的控制组来说，这两组都得到了更大的力量提升。

这项研究并没有考察生理和心理训练相结合会发生什么，但另一项研究考察了这一点。这一次，新西兰研究人员招募了蹦床运动员作为研究对象，研究人员将他们分为新手和经验丰富的选手，之后再进一步分别将这两组划分为实验组和对照组。然后测试了所有运动员使用心理意象作为目标设定策略的本能。

接下来，所有的运动员在 6 周的时间内会接受 3 次弹跳训练（成为这项研究的参与者听起来很有趣）。每场测试都以两分半钟的身体训练开始，然后让他们用两分钟时间来解决数学问题、猜谜语和做其他游戏，从而暂时忘记训练，接下来是另一个两分半钟的身体训练。最后，无论是新手还是经验丰富的选手，“高度想象者”的技能提升都比“低水平想象者”的更显著。

在我们继续下面的内容之前，还可以看看另一个样本研究。这个研究很有趣，它评估了空手道学生中的精英成员，观察了改变可视化的训练量是否会影响运动表现。在这里，苏联研究人员将他们的研究对象划分为 4 个独立的小组，包括完成所有身体训练时不使用可视化技术的小组和将 75% 的训练时间用于可视化的小组，其他两个小组介于两者之间。

在为期 12 周的研究结束时，可视性技术利用程度最高、实际训练最少的学生表现出了最大的技能提升。事实上，所有进行过至少一次心理预演的团队都会击败那些没有进行过心理练习的团队。我不确定这些结果是否会适用于像跑步这样对技能要求不是很高的运动，但值得注意的是，可视化会产生剂量反应，这就意味着你做得越多，效果就越好。

以上内容的关键在于：这 3 项以及更多类似的研究为你在锻炼过程中加入一些可视化技术提供了强有力的科学案例。尽管在这方面对跑者的专门研究非常少，但可视化技术在所有测试过的运动项目中都获得了普遍有利的评价。我觉得我们可以假设它也能有助于我们这些“道路战士”。

至于它的工作原理，这是一个很有争议的话题。大多数专家都认同，想象刺激了大脑中控制动作的脑区和脑叶。想象出色的表现创造出的神经模式似乎与实际运动表现产生的神经模式差不多。在某种程度上，这似乎是在对肌肉和身体技能的行为记忆能力进行编码。当与足够的身体训练相结合时，可视化技术有助于将这种技能烙印到你的脑叶上，并帮你在不强迫身体进行实际锻炼的基础上让肌肉力量达到目标水平。当然，这种提升是有限的，但这种身临其境、栩栩如生的快感会让你更加自信，同时减少额外的体能消耗。

选择你喜欢的可视化方法

你有没有注意到，在睡梦中，你有时是主角，从自己的角度观看梦境；有时你就像在看电影，作为一个局外人来观看梦境。可视化的工作方式也是如此。

第一种可视化是通过内在的可视化角度，来想象发生在第一人称身上的事情。你看到、感受和思考的一切都发生在你身上，你亲眼看见手头的任务。第二种是借助外在的可视化角度，以第三人称的视角目睹自己的所作所为，就好像你坐在观众席上观看屏幕或舞台一样。第三种是动觉可视化，将第一人称可视化与身体动作相结合，有助于模拟真实动作，也就是在可视化你想改善或加强的动作时，让你的身体也动起来。

我们在这里不会进一步讨论动觉可视化。如果你见过即将比赛的奥运会体操运动员和潜水员，就会目睹这种可视化的实际应用。运动员走到一个角落，闭上眼睛，然后开始按照他大脑中想象的那样扭动身体。**如果说内在可视化就像亲身经历，外在可视化就像看电影，那么动觉可视化就像玩虚拟视频游戏。**这对于很多身体活动可能非常有用，但我不确定它对于跑者有多大作用，因为跑步本身并不完全是一项技能运动（尽管我们知道这在很多层面上都有争议）。但也有例外，比如包含障碍训练因素的比赛。如果你是定期参加这种运动的人，就会发现动觉可视化很有帮助。

至于前两种可视化，它们都非常有效。内在可视化可以提供一个预先体验跑步的机会，因此你可以想象实际跑步时的感受。外在可视化也是有用的，因为它提供了一个不同的视角。作为观察者，你可以远离任何负面情绪，这使你可以从旁观者的角度观察自己，看到你可能不会发现的错误。当局者迷旁观者清，作为旁观者，你岂不是更容易发现错误吗？

我建议跑者尝试不同的可视化方法。在你喜欢的几个方式之间切换，直到你找到最适合自己的为止。你也可能会发现自己更喜欢某种方式，但我知道一些跑者会根据他们的目标、心情以及现实情况，选择不同的图像场景进行可视化。

五大可视化练习

事实上，有无数方法可以用来练习可视化。如果它适合你，即使你没有严格遵循规则，也无可厚非。其中的诀窍是，让自己沉浸其中并使之成为你自己的规则。与所有技巧一样，不断重复会让它在你的大脑中根深蒂固。

事实上，你可能不得不调节练习中的一些细节以获得最佳舒适度。比如说，你多长时间使用一次心理意象，在什么地方、什么时候进行，都取决于你自身。就我个人而言，我发现每天固定地做几分钟的练习最有效。如果不能每天坚持，那就至少应该安排足够的练习时间，让它在你的大脑中占据一席之地。世界纪录保持者迈克尔·约翰逊说，他会在正式比赛前进行至少 30 次的可视化训练。他会清楚地看到赛道、赛场、天气、他在比赛中的想法、他的竞争对手、他的穿着，甚至会听到发令枪响。在所有人出场之前，胜利的号角早已在他的脑海中吹响了。

一些同伴告诉我，他们可视化训练效果最佳的时间是在他们睡觉前，而另一些人则说，他们的最佳时间是起床时，还有些人则是在跑步前或跑步期间。一旦你磨炼了自己的想象力，就会把可视化作为日常训练的一部分。例如，当你热身和做最后的准备时，会自然而然地将一些放松练习、自我肯定的方法以及关于跑步本身的简单可视化训练包括在内。

接下来，你会看到 5 个简短的可视化示例练习。有些集中在内在可视化，另一些则集中在外在可视化，还有一些是这两者的混合体。尝试一切可能的方法，你会发现真的有人在对你说话，或者会想要将某个画面切换掉。此外，只要能让自己尽兴，你可以随心所欲。第 18 章也将提供一个可视化练习。

当你第一次做可视化练习时，找一个安静的地方，这样就不会分心了。把它当作一种冥想，其实它就是冥想。可能几周之后，你的图像才能栩栩如生，坚持下去，一定会有收获的。当你成为一个更好的可视化操控者时，就可以在一辆拥挤的公交车、一条繁忙的街道或人头攒动的起跑线上调用自己的成功场景了。切记，要在你的可视化练习中使用你的所有感官，并且不要忘记你可以控制场景中的每个方面。这两点就是可视化如此强大的原因。

可视化练习 1：想象你获胜了

首先让自己处于一种舒适的状态，闭上眼睛，深呼吸，直到你感到身心完全放松为止。

现在请在你的大脑中唤起你设立的一个极度具体的目标。想象一下，在过去的几分钟内，你刚刚实现了这个目标。也许你越过了人生中第一次马拉松比赛的终点线，或者你正在低头注视着手表上显示的 10 公里比赛的个人最好成绩。无论这个目标是什么，把大脑中的图像尽可能细化。

不要只看着它，你要调动你所有的感官来感受它。比如说，是否有欢呼的人群？有人拥抱你吗？你穿着什么衣服？你的身体感觉如何？你可以品尝到你汗水中的咸味吗？你的情绪如何？花几分钟时间，仔细探索这些感觉。

如果你对自己产生怀疑，那就永远无法完成目标。在练习可视化技巧期间，把所有否定自我的想法抛在一边，让怀疑心态远离你的大脑。将想象的看作真实的，并坚信它就是真实的。你可以考虑加入一些肯定句，比如“我很快”、“我的耐力没有限度”或“没有什么能阻止我”。不断重复这些语句，这些肯定的想法就会融入你的思维结构中。

在练习结束时，睁开你的眼睛。把你在脑海中体会到的成就感和积极性带到跑步中去。

可视化练习 2：想象一部关于成功的电影

首先让自己处于一种舒适的状态，闭上眼睛，深呼吸，直到你感到身心放松为止。

想象一下你坐在电影院里。如果喜欢，你甚至可以在你的想象中咀嚼美味的爆米花。此刻，灯光变得暗淡，电影开始了。你正在观看一部关于自己的电影，你正在完成为自己设定的一个目标。在这个剧本中，一切都按计划进行。你是观看和欢呼的人群中的一员。你可以看到并听到一切，但注意你需要从旁观者的视角来观察这一切。你的身体看起来如何，你的面部表情是怎样的？充分利用每一个细节，就好像你是一个目睹实际事件的旁观者。想象一下观看这个故事的情节慢慢展开的快感。

现在睁开你的眼睛。想想你刚才看到的，剖析它，就好像你在给自己提出一些关于如何实现同样目标的建议。时刻记住这些信息，以此备战下次奔跑。

可视化练习 3：进入你的电影

与上一个实践一样开始这个练习。例如，想象你刚刚看到了自己穿过下一场比赛的终点线时的场景。作为一名外部观察者，在你想象中的电影院的座位上观看这一场景。片刻之后，想象自己放下爆米花，从椅子上站起来，走到屏幕上，打开一个进入影片的神秘大门。

现在，从你自己的角度再次体验整个场景。这是你刚刚作为电影爱好者看过的经历，只不过，现在你是演员。你要再一次注意一切细节和声音，并体验这种置身其中的感受。

最后，退出屏幕并返回座位。你的成功电影仍在播放，再观看一会儿，然后睁开你的眼睛。现在你对你的成功情景有了一个全面的认识。时刻记住这些信息，以此备战下次奔跑。

可视化练习 4：可视化完赛的整个过程

在上面的可视化练习中，你没有完全将目标的达成投射到你的大脑中。你还应该想象一下将会带你到达那里的步骤。像这样的过程回顾有助于将所有需要跨越的障碍具体化，并将你从现在的位置带到你想要去的位置。

闭上眼睛，通过深呼吸来放松。现在，慢慢地，从这一刻开始，想象为了达到目标必须完成的 10 件事。例如，你可能会关注几个即将到来的跑步训练、健身房的力量训练，或者你应该采取一些主动的腿筋灵活性练习以避免受伤。不要长时间集中于一个步骤，而是将每个步骤都想象得足够详细、清楚，以使其更切实可行。当你这样做的时候，要坚持你对结果的理解，结果就是你的目标，这样才能避免迷失，但也要尊重能够帮助你实现目标的一系列行动的重要性。

当你将每个小目标以及最终目标可视化时，睁开你的眼睛。把这种训练过程和成就感带入下一次奔跑中去。

这种做法的难点之一就在于想象一个真正的比赛过程，就像普拉特杰斯所做的那样。如果可能的话，尽量走出去并在比赛场地上实际操练，以便对关键地标、补给站位置、重要坡度路段以及路径或道路的状况进行记录。如果无法到赛场进行实训，你可以考虑在谷歌地图或类似的应用中查看赛场情况，这些软件会为你提供详细实用的细节。一旦你确定自己对赛场信息已经了如指掌，请将这些信息用于你的可视化练习中。在想象中完成整个过程，描绘出完全按照计划进行的每一步，直到你越过终点线。

可视化练习5：创建视觉板

如果你在大脑中想象时遇到了麻烦，那么创建关于目标的物理提醒就可能是一种有力的解决方法。例如，你可以创建一个视觉板，在其中张贴各种照片，并书写关于你想要实现的目标的肯定陈述。你甚至可以在目标比赛的终点线或赛道中的其他地方拍几张自己的照片。你可以使用公告牌并将其张贴在显眼的地方。你还可以尝试一个主要展示视觉图片的社交媒体网站，比如Pinterest或Instagram。如果你不是一个对视觉刺激敏感的人，那就可以在便利贴上写上一系列肯定性的话语，放在一个你可以全天候都可以看到的地方，作为你希望和梦想的提醒工具。

作为一名跑者，你可以从可视化策略中获益良多。想象一下，如果你觉得自己已经成功地完成了目标或参加了几次重要的比赛，你对自己会有多大的信心。此时你承受的压力会小很多，因为你的许多怀疑已经解决了。你知道应该把注意力集中在什么地方，也知道把事情做好的感觉。因为你已经知道该期待什么，所以将更不容易分心，会将更多的精力投入到比赛中更重要的方面。

使用图像也是应对比赛中突发事件的一种方法。你提前知道了如何应对一个吃坏了肚子、磨出了水疱、丢失了水袋或天气炎热的状况，那么在赛场上，你将会以平静且积极的方式做出反应，因为你已经练习过应对所有这些状况，而且取得了令人满意的结果。

五大可视化练习：

1. 想象你获胜了；
2. 想象一部关于成功的电影；
3. 进入你的电影；
4. 可视化完赛的整个过程；
5. 创建视觉板。

06 策略 3：控制你的想法，建立反应机制

当你跑步时，你的大脑会想些什么呢？你脑中的声音是让你振作起来，还是让你的脚感觉像灌了铅一样沉重呢？也许你脑海中的声音就像一个发电机的嗡嗡声。无论这个声音告诉了你什么，相信我：你的大脑至少和你的股四头肌一样在努力工作，而且它运转得更快。

几乎每个人在跑步的时候都会想些什么。半程马拉松运动员杰西卡·桑普森（Jessica Sampson）说，她在跑步时经常在脑中重复想一件事。“我会开始想某件事情，比如我应该在周末重新粉刷浴室，然后我会在接下来的数公里中一直想着粉刷、粉刷、粉刷。”她说。

她是个疯子吗？如果是，那么莉齐·伯格（Lizzie Burger）可能也是个疯子。

“我会数步数，”伯格说，“我知道我每分钟会跑 88 步，如果我数了 10 次 88 步，那么我就已经跑了大约 10 分钟。”

谁知道呢？也许所有的跑者都是疯子！一些跑者告诉我，他们脑子里发生的事情不停切换，好像是在不停地摆弄汽车收音机，以便确定一个最好的电台；另一些人则说他们的思维过程类似于摇滚音乐会的声音，站在舞台中心的他们正在撕心裂肺地高歌。那些选择用音乐、游戏、咒语、谈话等来占据他们大脑的跑者，会在分心的情况下产生不同层次的思想和认知。尽管你看起来似乎与自己进行了一场直接而私密的对话，但这些私人词汇可能汇集了评判、动机、情感和记忆。正如我在前几章中概述的那样，所有这些思维策略都使用了一小部分目标设定、一小段可视化和一大堆自我对话。它们激活前额叶皮层和小脑的各个部分，让它们一路活跃，帮助你的双脚持续前进。

跑步时你怎么想

就像有不同风格的可视化那样，跑者在跑步时也有不同的心理策略。你可以内视，也可以外视。这非常酷，也很容易掌握。你可以集中关注自己，也可以更关注外界。这样总共就有 4 种不同的心理策略，即内部联想、外部联想、内部分离、外部分离，可以说，所有这些都源于你的脚下。

运用内部联想时，你通过将注意力集中在身体的感受上来关注跑步表现。当你在奔跑时，你会思考身体功能和系统，如呼吸、步幅、跑姿和疼痛。你可能会在心理上给自己下达一些命令，比如“放松脚步”或“舒展肩膀”，或者在心中列一个从头到脚的检查清单来确保身体保持良好的状态。无论如何，你的思想和身体在你前进的步伐中是协调同步的。

采用外部联想的跑者也会关注当前的任务，只是他们会将注意力放在身体外部的因素上。例如，当你在比赛期间进行外部联想时，会专注于诸如鞋子踩上地面的声音，会将自己视为不可阻挡的肌肉英雄，或者将人群的欢呼声想象为助你表演的燃料。你的想法与比赛的各个方面都密不可分，而不是只关注体力的消耗。

在认知硬币的另一面，跑者会使用分离策略作为一种“逃避”方式，这样他们就不必考虑跑步、无聊感、痛苦或其他不愉快的事情。这并不意味着你讨厌正在做的事情，而是你可以通过转移视线来让比赛更加轻松愉悦。如果你沉浸在与另一个跑者的谈话中，或者陶醉于流淌在你耳塞中的美妙音乐，那么你可能就是一个解放了的跑者。

内部分离将你的思想集中在内心，你会思考关于自己的问题。比如，你的过去、家庭、工作、购物清单，以及任何让你的大脑忙碌起来、暂时忘记跑步的事情。顺便说一下，可视化也可以作为内部分离的一种形式。在脑中仔细观察《蒙娜丽莎》的细节、设计一双完美无缺的跑鞋、创建一个网站或者用你选择的某种幻想来“挑逗”自己，只要保持你思想的源头不枯竭即可。

外部分离策略使用与跑步毫无关系的心理任务来将你从跑步中分离出来。比如，听音乐、与训练伙伴交谈或者数电线杆等不相干的东西。当涉及外部分离时，你必须全力以赴，百分之百地舍弃你不喜欢的东西。桑普森对粉刷房间的痴迷是一个很好的内部分离的例子，而伯格的步数统计是外部分离的一个好例子。

大多数跑者并不总是一味地运用一种心理策略。在无意识的情况下，你可能会在几种心理策略之间切换，或者在不同的情况下使用不同的策略。例如，一些研究表明，随着你步伐的加快，思维也会变得更加有联结性，高强度训练会迫使你监测自己的身体系统是否存在过载问题。更妙的是，你可以学会控制大脑的这些功能，并在跑步时下达命令，好好利用它们。这有点像为自行车换挡：上坡时需要一个挡位，在平坦的路面上骑行时需要另一个挡位。

顶尖跑者如何控制自己的想法

总的来说，大多数体育心理学家会告诉你，分离是无聊感的最佳解毒剂，而联想是出色表现的制胜法宝。我认为这一点确实符合逻辑，但它们不一定像看起来的那样泾渭分明。

例如，一些研究表明，经验跑者喜欢在面对激烈竞争时采用联想思维。1977 年，研究人员比尔·摩根（Bill Morgan）和迈克尔·波洛克（Michael Pollock）撰写了关于体育心理学的一篇早期论文。他们采访了一群精英长跑运动员，询问他们面对激烈竞争时的想法。然后他们又问了其他相对来说也很优秀的跑者同样的问题。奥运会选手杰夫·加洛韦是研究对象之一。

“摩根问了我们关于跑步时我们想过的一些问题，”加洛韦回忆说，“接近世界顶尖水平的运动员几乎都能把自己从比赛的压迫性中解放出来。他们的认知策略是，让自己生活在一个幻想的美好世界中，所以当比赛变得愈发困难的时候，有人会将自己想象成一个不断前行的火车头，还有人则想象为自己建造一幢房子，并通过将钉子钉入一个特定的地方来分散自己的注意力。这种方法真的会起作用，将他们成功带到终点线，但它无法让他们进入直觉部分去发掘自己的潜力。”

他继续讲述了像他这样的精英跑步运动员的心理学画像：“世界级运动

员会不停地思索即将到来的事情，比如赛道上会出现什么状况、竞争的强度如何，并且会考虑下一个补水点的位置。每个人都有一个明确的策略，他们取得的结果往往比那些只拥有幻想的人更好。”

对马拉松运动员的其他研究则指出，大部分联想思维者倾向于后半程发力，而且大多数比赛中的顶级选手也都是这样的，虽然他们确实在联想思维和分离思维之间切换，但他们花费在内视上的时间明显更多。

这并不是说顶尖运动员的成功都归功于他们的联想思维风格，哪怕他们的内视方法肯定起到了某种作用。此外，我们清楚地认识到：虽然初跑者可以从那些身经百战的跑者的成功经验中受益，但他们不应该总是遵循前人的步伐。有证据表明，即使在竞争激烈的情况下，初跑者也可以使用分离思维来获得更好的结果。

关于联想式跑步方法，有一个有趣的侧面案例，那就是我亲爱的朋友海伦·凯诺欧（Helen Cherono），她是一个快如闪电的半程马拉松运动员，有时也是世界顶尖马拉松赛运动员之一凯瑟琳·恩德雷巴（Catherine Ndereba）的训练搭档。

凭借自身过硬的本领，凯诺欧成为一个不可小觑的选手，与此同时，她也是一位视觉障碍者。在与凯诺欧交谈时，我发现尽管她的心理策略很独特，但我可以确定她使用的是外部联想思维。她说：

> 特别是在我跑在别人前面时，我会想象他们正在快速向我靠近。我会借助其他跑者的脚步声或呼吸声来进行可视化。根据他们的呼吸情况，我可以判断出他们的疲劳程度。

我觉得这很吸引人，因为无论它是何种心理策略，都体现了你可以利用自己的所有感官。大多数跑者倾向于将视觉作为主导感觉，但凯诺欧的例子提醒你，你的其他感官也可以发挥重要的作用，并不是只有在你眼盲的情况下才可以使用脚步声来衡量他人的表现。你也可以利用脚触地的动觉，甚至是汗水的气味。

对于正在适应高强度训练和比赛的跑者，分离思维可能有助于他们的紧张感。在耗时较长的比赛中，新手很快就会出现跑不动的倾向，并且可能会利用分离策略将自己推向终点。一旦你成功跨过了一个跑步项目的初始阶段，至少在部分时间内心联想策略转换是有作用的。

正如摩根和波拉克的研究所表明的那样，大多数跑者都自然而然地倾向于一种特定的心理策略。普通跑者告诉我，至少在训练时，分离思维占据了他们的大部分脑力，甚至包括一些精英跑者，比如波士顿马拉松赛的冠军琼·贝努瓦·塞缪尔森（Joan Benoit Samuelson）和安比·波夫特。我明白了，我们已经越来越习惯于外视。我们会边阅读电子邮件边穿过街道，会在开车时打电话，会在观看视频的同时在平板电脑上浏览网页。由于现代人的这种大脑使用方式，大多数人可能会倾向于分离和一心多用。

当然，跑步的乐趣之一在于，你可以让自己的思绪在训练过程中自由翱翔。现代化的生活方式让人们的生活节奏加快，思维持续处于高度紧张的状态，难得有时间来放飞思维的翅膀。

然而，联想是一种经过实践验证的技巧，值得学习。如果你能控制自己的想法，就可能会成为一名更好的跑者。正如我将在下一章中解释的那样，有时候你想让思绪自由翱翔并随心所欲；但是，有时候有必要掌握自己的想法并把它作为训练和比赛的工具。通过发掘你的大脑，你很可能会让你的身体获得更多益处。

面对疼痛该怎么想

一位名叫萨莉·科尔斯金（Sally Corskin）的马拉松选手曾经对我说，在一场比赛中，她的鞋子里有东西让她的每一步都越来越不愉快。显然，明智的做法是停下来，摆脱焦虑的源头，然后继续跑步。但科尔斯金一心只想成功，停下来意味着浪费宝贵的时间，并可能导致她的动力也随之消失。她不愿意放弃在快速奔跑时可能拥有的机会，于是决定不停下来，而是通过想象自己从受害者变成调查员来减轻痛苦。她的想法从"哎哟，这让我痛苦万分、寸步难行"变成了"我左脚的脚趾下面到底发生了什么"。

在数公里的路程中，科尔斯金最终成功地猜测出，导致她痛苦的东西是一块很小的扁平金属。她能够确定这个圆形的东西表面光滑，边缘粗糙。冲过终点线时，她已经准确地猜出了捣乱对象是一块 10 美分硬币。她说，如果给她更多的时间，她可能会确定它的具体铸造年份。科尔斯金取得了胜利，但脚上的水泡相当令人苦恼，让她在跛行了一周后不得不去看医生。

我之所以在此分享这个故事，是因为我认识的每一位经验丰富的跑者都有类似的"咬牙坚持"的故事。每个跑者在生活中都会经历一些痛苦，这是众所周知的。但在我看来，疼痛有时需要用特别的思维方式来应对。科尔斯金的故事表明，大脑分配注意力的能力有限，外部刺激可以暂时阻止甚至彻底清除痛苦。但她的故事也展示了分离痛苦这一思维方式利弊参半：对于这种不适，我们是忽视它，还是停下来解决它呢？

一般来说，分离策略与高受伤率并无直接关系，这可能会让你感到惊讶。它似乎也不能预示在训练或比赛中，跑步是否会带来伤病。这可能是因为你只能将痛苦分离到某一点，并且一旦超过了某个阈值，它就不再起作用，你就不得不去关注那些让你感到不适或有危险的东西。

我们知道跑者会经历各种各样的痛苦：水疱、岔气、擦伤、乳头出血、风吹日晒引发的皮肤炎症，以及意想不到的抽筋。当然，这与地域也有关。如果分离能够帮你渡过难关，那就这样做吧，前提是你不能长久忽视你的身体发出危险信号的能力。虽然忽视负面反馈可以让你继续前进一段时间，但这样做可能会付出高昂的代价。谁都不喜欢疼痛，但忽视它的危险在于，它可能会发展成一个巨大的水泡甚至更糟。

同样令人惊讶的是，在一定程度上，联想思维与较高的受伤率相关。原因可能在于，一些使用联想思维的跑者有着“一分耕耘，一分收获”的心态。他们可能会期望甚至欢迎疼痛带来的快感，并做出坚持到底的决定。

在这场比赛中，科尔斯金内心的天平偏向了赢得比赛的欲望，而忽略了身体向她发出的警告信号。她在这场有趣的战争中战胜了磨难，万幸的是没有造成永久性伤害。尽管如此，无论何时，当你经历严重的疼痛时，不论其根源是鞋子中的 10 美分硬币，还是让你越来越不舒服的腘绳肌或腰部，你都应该停下来咨询医生，关注身体告诉你的需要注意的事情。

我认为了解自己的极限在哪里是很重要的。分离可能是一个很好的策略，可以用来消除跑步机上的无聊感或激励你跑到山顶，你也不会想过分关注腘绳肌的每一个小调整；但是你肯定也不想从小腿拉伤后长时间的频繁疼痛中分离出来，这种想法可能会让你远离跑步好几个月。有记录表明，虽然有些运动员腿部骨折了，但他们坚持完成了比赛。

三大策略控制你的想法

利用你的思维的第一步是在训练和比赛期间更多地了解它们。你会惊讶地发现，一些跑者甚至不知道他们对比赛有什么想法。这里有 3 个策略供你尝试。

思维控制策略 1：觉知

为了更好地控制自己的思维，请尝试在不跑步的情况下觉知你的思维模式，记录下你的想法和你产生这些想法的时间。然后，在接下来的两周内，你可以在训练日志中添加一列，记录你在训练期间以及该时段任何比赛中的想法。此外还可以运用应用程序，你可以为智能手机购买一个应用程序，或查看你的健身追踪设备是否具有记录情绪的功能。这些设备现在变得越来越智能，它们可以实现这样的功能。

思维控制策略 2：分析

分析你的想法，看看你是否能够从中发现某种模式及其与运动表现的关系。如果你通常选择分离策略，就可能会发现它有助于你轻松完成某些类型的训练，比如长距离慢跑，但对于坡道训练似乎起不了太大的作用。你的想法有可能是中性的，既不会提升也不会降低你的训练水平。当我跑陡峭的坡道时，我会根据身体的变化采用综合思维模式。首先，当接近坡道时，我会采取内部联想思维并监测我的身体，然后切换到外部联想策略来控制腿部的肌肉。越靠近山顶，我就越可以通过观看风景来分离肌肉的酸楚感。

不管调用哪种思维方式，你都需要考虑其中的平衡性。你的想法是积极的吗？它们会激励你还是会让你失望？你思考问题的方式会极大地影响你的表现。如果你的想法使你变得消极或者使你对自己产生怀疑，那就不得不通过改善这种想法来让大脑为你提供更优质的服务。如果我听到有人说“博士，老狗学不了新把戏”，我会说，你的大脑每天都在变化，这里没有任何借口。例如，如果你发现你的联想中充满了消极的自我对话，就可以通过更积极的替代想法来对抗这种情况。正如你可以改变训练计划的距离、配速和强度一样，你也可以调整自己的想法。既然你不会把自己的身体训练交给运气，那又为什么会让各种想法在脑海中四溅呢？

在此，你可以想出一系列肯定的陈述，然后一遍遍重复讲给自己听。每当出现诸如“我感觉自己太慢”的想法时，你可以用“我正在努力加快配速，并已经初见成效”来替代它。每当消极的想法浮现时，你可以努力通过回想这些积极的表达方式来平息它们。通过这种方式，你实际上可以训练大脑本能地用更积极的方式进行思考。

思维控制策略 3：吸收

无论你发现了什么关于自己的信息，它都将成为融入你思维方式的重要信息。如果某种特定类型的心理策略似乎对你没有帮助，那么可以在另 3 种策略之间来回切换。你甚至可以周期性地尝试不同的策略，将注意力集中在身体上 10 分钟，然后集中在如天气或地形的外部因素上几分钟，接着让自己再开 10 分钟的小差。

请记住，你有权力改变自己的想法。就像你可以提前排练你的演讲一样，你可以事先计划甚至排练好要对自己说的话。即使情况变得不那么理想，也要始终跟着剧本走。这不是一件可以轻易实现的事情，你需要一些时间来掌握它。但我相信你可以，而且一定会做到的。

在接下来的章节中，我将会讨论如何让你的思维漫游，这与我们在此讨论的内容恰恰相反。你的最佳跑步状态可能包括多个因素：几种不同的想法、完全的控制感、轻松的动作以及自动前行的感觉。运动心理学家经常将此种感觉称为“心流状态”。还有一种著名的幸福状态叫“跑者的愉悦感”。你无法控制这些现象，但没关系，就像你可以对思维进行控制一样，你也会体验到这种幸福感的降临。

跑者贴士

1. 跑步时有 4 种不同的心理策略：内部联想，外部联想，内部分离，外部分离。
2. 三大策略控制你的想法：
   （1）觉知；
   （2）分析；
   （3）吸收。

07 策略 4：进入最佳状态，找到跑步的意义

米歇尔·梅多斯（Michelle Meadows）对自己的第一次跑步心流体检记忆犹新。她当时要代表纽约州北部的一所大学参加比赛，那个赛季很艰难。她每天都在努力拼搏，但几周下来似乎没有什么明显的进步。

在春天一个阳光明媚的周末，她和几个队友约定在校园后面 16 公里长的路上赛跑。这是一条很困难的多坡赛道，会穿过广阔的农场和田野。后半程时，她跑过了一段连绵起伏的山丘。正是此时，她得到了“那种感觉”。

“我感觉自己轻盈而强壮，我的思绪似乎变得快乐而灵活，”她回忆说，“我感觉双腿就像轮子，毫不费力地滚动着，它们如此开心。仿佛没有什么东西能够阻挡我的步伐，我感觉自己可以跑一整天。”

正如梅多斯记得的那样，这种美妙的感觉持续了15分钟左右。当她靠近校园时，一辆呼啸而过的汽车打断了这种魔力。但她说，她永远不会忘记这一时刻。

许多跑者至少有一个关于“撞墙”的故事，它们听起来很可怕，以至于你想知道为什么在这个世界上会有人喜欢跑步！幸运的是，在跑步的过程中，你会感觉到万物之间实现了一种平衡。有阴就有阳，阴阳此消彼长。每一次撞墙都意味着有机会收获极乐。

不同于你可以塑造和征服的心理策略（见第6章），某些大脑现象并不完全受你控制。在适当的环境下，大脑有能力摆脱结构化和自由散漫的思维。

在这一章中，我想探讨跑者经常讨论的两种更高水平和更难以达到的思维状态：跑者的愉悦感和心流。这些状态不一定是自然流露的，甚至不是每个跑者都可以达到的。一些跑者在他们整个跑步生涯中都在追逐这些感受，但很多人毕生都没有这种体验。“那是什么？”当我们谈到跑者的愉悦感这一概念时，曾经5次参加奥运会的运动员弗朗茜·拉里厄·史密斯就这样问过我。波士顿马拉松冠军安比·波夫特告诉我，在40多年的跑步生涯中，他只在大约30年前体会过8分钟跑者的愉悦感。

跑者的愉悦感

跑者的愉悦感是一个很著名但相对不太常见的现象。自从人类跑步以来，偶尔会有跑者说，在跑步过程中，他们体验到了一种安宁的幸福感。许多人把它形容成好像服用药物后的兴奋感，但他们并未服用任何药物。

事实上，跑者的愉悦感很可能是一种非药物作用的兴奋感，这要归功于大量自然产生的化学物质涌入你的大脑。不仅在跑步时，在任何类型的体力消耗过程中都有可能产生这种感觉。

身体产生的这一类化学物质叫内源性大麻素，是毒品大麻中的活性成分。科学家们认为，内源性大麻素具有改善情绪、消除疼痛以及扩张肺部血管和支气管的能力。当你的大脑和身体细胞释放出足够多的这些快乐分子时，你会感受到良好情绪的迸发，并最终产生跑者的愉悦感。

同时，大脑在运动过程中也会忙于释放另一类化学物质，其作用类似于鸦片和吗啡。这些人体制造的天然鸦片被称为内啡肽，它已得到证明可以缓解跑步的痛苦和疼痛，并激活大脑的奖励系统，带来满足感和成就感，而这种感觉正是跑者的愉悦感的一部分。

除了分泌天然迷幻剂，人体还可能发生其他变化，为产生跑者的愉悦感创造条件。例如，肾上腺素、血清素和多巴胺等神经传导物质似乎也有助于兴奋感的产生。大脑可能因低血糖而关闭部分功能，当血液中没有葡萄糖残留时，你开始感觉有点头晕眼花，就像长时间没有进食一样。体温升高也可能以某种方式促成你体验到这种愉悦感。

虽然跑者的愉悦感目前是一个热门研究领域，但以前并非如此。很长时间以来，科学界对跑者的愉悦感的存在持怀疑态度。由于某种原因，他们不愿意相信一群穿着华丽运动鞋的疯子的话。这真是让人难以置信！科学家说，我们需要证据。难道你可以拉着一群跑者，对其进行某种扫描，并去寻找他们大脑中产生这种兴奋感的证据吗？

事实证明，这可以做到。2008 年，德国波恩大学的研究人员通过正电子发射断层显像（PET）和一项特殊的化学分析，来比较跑者长时间运动前后大脑中内啡肽的水平。利用这些技术，德国研究人员能够追踪内啡肽分泌到前额叶和边缘脑区中的一些特定神经元，这些区域会在响应爱和其他愉快情绪时活跃起来。这些脑区的内啡肽越多，跑者就感觉到越兴奋。

这项研究第一次提供了一个清晰的画面，表明内啡肽如何引发了跑步时的自然快感。它提供了一些有力的证据，表明跑者不只是崇拜和平、爱和汗水的新时代嬉皮士，也为跑者的愉悦感这一神经现象提供了科学证据。

现在，也有证据开始表明内源性大麻素在催生跑者的愉悦感的过程中的作用。不久之前，佐治亚理工学院的科学家让运动员在自行车或跑步机上进行艰苦的50分钟锻炼，以此来监测血液中内源性大麻素的水平。无论是在大脑还是整个身体中，他们都能够准确地找出一种细胞受体，它将这些“天然大麻”分子与神经系统连接起来，引发神经反应，从而减轻疼痛和焦虑，并创造一种安宁的幸福感。

跑步时，大脑为什么会愉悦

假设跑者的愉悦感是真实存在的，你肯定想知道为什么它会存在。至少，这是我一直很好奇的。痛苦虽然不令人愉快，但也有优点。它是人体的主要警告信号之一，提醒你你的身体已经出现了问题，进一步活动可能会使事情变得更糟糕。大脑有时会忽略这些非常重要的信息，这一点似乎很有趣。

一些科学家已经推测出产生这种疼痛转移的原因。跑者的愉悦感这种快乐、飘飘然的状态可能是从我们的祖先那里遗传下来的，因为跑步在以前对生存至关重要。在人类社会发展为拥有超市和送货上门服务的现代社会之前，我们是奔跑着捕捉猎物并避免自己成为猎物的。进食的必要性和被吃掉的恐惧感都为保持稳定慢跑提供了非常令人信服的理由。

因为长时间跑步是必要的，所以大脑想出了一种让跑步变得令人愉快或者至少可以让人忍受的方式。在任何让你备受煎熬的情形下，一剂能让你感觉良好的化学物质对你继续前行非常有帮助。一些既研究动物又研究人类的科学家推测，内源性大麻素的水平在跑步过程中可能会激增，从而使我们相信跑步是可以忍受并且会让人愉快的事情，这样我们就能够定期进行跑步锻炼了。

一些研究甚至表明，四肢适合跑步的哺乳动物的大脑，会进化到拥有一种能力，可以经常泵出内源性大麻素。这可能就是为什么我们人类以及狗、马和羚羊等物种，有时会在较高的代谢成本和受伤风险之下，只为产生内源性大麻素而奔跑。不为跑步而生的动物似乎没有相同的大脑内置系统，你不会看到短腿的雪貂仅仅为了一时兴奋而出门慢跑。

无论是什么原因，跑者的愉悦感就像分离和联合思维整合到单一脑波后的终极形式，此时你不会感到痛苦，而是身心合一。你的大脑似乎已经确定，重体力劳动是发生在它身上的最好的事情。这不仅激励你在此刻不停奔跑，而且让你很快就再次为这种魔法般的感觉而奔跑。

跑者的心流

跑者的愉悦感不会歧视初跑者或普通跑者。虽然它对时机很挑剔，但当它来临时，无论是新手、慢速跑者还是周末勇士，他们与专业长跑运动员一样，都可能会因为这种兴奋感的到来而忽略体力的消耗。

被称为“心流”的大脑现象是一种和跑者的愉悦感完全不同的感觉，它更青睐经验跑者。

心流的概念是由一位名字听起来像绕口令的心理学家米哈里·希斯赞特米哈伊[①]提出的。在 20 世纪 90 年代早期，他发现了大脑如何陷入无意识的状态，从而使身体获得最佳表现。这种状态并非跑者或运动员所特有的，摄影师、作家、汽车修理工、厨师和任何需要高度集中注意力的人都有能力达到这种巅峰状态。

体验过心流的人对这种感觉做出了以下描述：**他们变得如此专注于一个活动，以至于完全失去了对时间的概念**。当“达到这种状态时”，他们有一种难以置信的全神贯注的感觉，他们的思维完全投注在手头的任务上。此时的你不会分心，也没有任何心理障碍。

一周跑 80 公里的专业跑者丹·帕克斯（Dan Parks）说，在俄勒冈州波特兰市的家附近晨跑时，他有时会进入心流状态。“我能感到腿上的肌肉剧烈颤动，但感觉这不是在跑步，”他说，“我知道我在跑步，但我感觉如此轻松、欢快，我感到……旺盛的生命力。对，就是这种奇妙的感觉。”

正如帕克斯证实的那样，心流状态不一定是自发的，但它也不是偶然发生的。根据希斯赞特米哈伊的说法，进入心流状态需要高水平的技能和经验，这意味着你的大脑为心流做好准备之前，你需要反复训练。经验增加了跑步的熟练程度，使步频、步幅、配速等能进入自动模式。经验也可以帮助你排除不重要的反馈和干扰。熟练的任务比新学到的任务更好掌握，不需要有意识地踏出每一步，你的思维就可以自由漫步。

如果想进入心流状态，你就必须相信跑步这一行为具有一些内在价值。

① 他的英文名是 Mihaly Csikszentmihalyi，其著作《创造力》的中文简体字版已由湛庐文化策划，浙江人民出版社出版。——编者注

跑步对你来说必须是一种非常私人的行为，这意味着你需要对跑步抱有积极的态度，对目标有清晰的认识，并有朝着这些目标前进的衡量方式。

帕克斯的跑步生涯是典型的案例。从高中开始，他就一直在田野间练习长跑（很多经验和技巧）。他进入心流状态通常是在清晨跑步时，因为此时非常安静（较少干扰），并且他知道自己正在为一项大事而训练（有目标和个人意义，进行的是具有挑战性但切实可行的锻炼）。他发现自己在那条已经跑了多年的道路上训练时，内心特别平静（这条线路他烂熟于心，因此跑步时不必想太多）。

即使具备所有这些特质和能力，时机也必须恰到好处。希斯赞特米哈伊观察到，心流通常发生在具有挑战性但可实现的任务中。当你头昏脑涨时，会感到气馁或受伤；当你轻轻松松、慢慢悠悠地跑步时，很可能会感到无聊。所以你的跑步配速必须能够给你前进的动力，但不能跑得太猛，因为你很可能会呕吐。

毋庸置疑，这是一种彼此平衡的行为。帕克斯说，放松之后通常至少需要 15 分钟才能进入心流状态。他说，如果说有些日子你需要一点意志力才能完成跑步，那么在心流日，继续前进将是世界上最容易做到的事情。当他迎来那种状态时，通常会保持这一状态直到完成后面的训练。

正如帕克斯和其他人会告诉你的那样，心流的感觉与跑者的愉悦感不同。跑者的愉悦感可以是一种令人兴奋的欢欣感，心流状态更像是安宁、专一的幸福感，类似于许多人冥想时的那种感觉。在这一刻，你思想高度集中，全情投入。跑者的愉悦感似乎是对新奇事物的回应，而心流通常是对熟悉感的回应。如果跑者的愉悦感是分离与联想的交会点，那么心流就像你的锻炼成了一种全神贯注的终极联想体验。你只是在当下产生心流状态，你不会分心，没有不好的感觉，也没有心理障碍会将你拉回来。

当你处于心流状态时，大脑在做什么？这方面的研究成果很少。已完成的小部分研究表明，心流源于前额皮质，特别是一个叫作楔前叶的区域在创造力迸发的时刻表现得非常活跃。楔前叶与自我反思和意识有关，当大脑陷入自动驾驶状态，一个叫“默认模式”的系统网络开始启动时，它往往是最活跃的。与此同时，大脑中的其他执行功能以某种方式脱离了有意识的受控的思维。此时，心流就可能产生。

这些研究还讨论了心流过程中存在的某种脑波。在不同的配速或运动周期中，你的大脑主要有 4 种脑波：阿尔法脑波、贝塔脑波、塞塔脑波和德耳塔脑波。研究表明，当你十分清醒、警觉，进行有意识的思考时，你的大脑在贝塔脑波段工作，频率变动范围大约每秒 13~25 次。在冥想和放松期间，大脑会以每秒 8~12 次波动的速度放松下来，这是阿尔法脑波的频谱，也是人们感受到创造力和精神高度集中的波段。这是与机敏、想象力和记忆力关系最密切的脑波，也是人们处于心流状态时被测到的脑波。

在继续下文之前，我必须先告诉你关于我所知道的最简单的呼吸训练法。如果你想尝试通过呼吸来放松，最简单的方法就是正方形呼吸法。

> 在你面前的空气中想象一个正方形，使用正方形的 4 边来引导你的呼吸节奏。当你走到正方形的右边时呼气，数 4 个数。接着沿着正方形的底部走，此时你既不吸气也不呼气，只要“憋气”就行。当你想象沿着正方形的左侧上升时，你边吸气边数到 4。然后在正方形上方再次憋气，直到数到 4 为止。想象一下你如何调整呼吸并利用某物来完成这一练习。

在参加实况广播或电视采访之前，我经常使用这个技巧。在与观众交谈之前，我也会在后台利用这种方法放松自己。你也可以找到其他方法帮助你调整呼吸，但请记住务必使用腹式呼吸。

获取跑步愉悦感的四大策略

你不一定能控制跑者的愉悦感，一些跑步爱好者从来没有体验过跑者的愉悦感，但是你可以创造出某些有利于它产生的条件。即使并不一定总是能达到这种状态，下面的策略也可以让你跑得更轻松。

策略 1：积极乐观地考虑问题

如果你带着任何消极情绪参加训练，那就不可能完全放松自己，并且也不可能从跑步中感受到自然而然的愉悦感。用积极的想法填充你的思维有助于大脑中某些化学物质的分泌。

策略 2：寻找新颖性

如果你每天都在同一时间以相同的配速跑同样的路线，那么打败这种无聊感就会很困难。让愉悦感突然降临的最好方法之一就是进行混合训练。你可以尝试冲刺练习以及结合了快速跑和慢速跑的法特莱克训练法，也可以进行坡道重复跑。你可能仍然会停留在意识思维中，你的思维也可能处于联想或分离状态，但你的跑步经历会变得更有趣。

网状激活系统会不断寻找新信息。当这个遍布整个大脑的神经元松散网络锁定新事物时，会帮你阻挡干扰并集中注意力，这有助于你体验到跑者的愉悦感或者至少是一种更加轻松的感觉。

策略 3：迎接挑战

对跑者的愉悦感来说，虽然没有什么神奇的距离或步频可以帮助实现它，但大多数跑者说，如果他们比平时更努力地锻炼，这种感觉更容易来临，比如在长距离跑和短时间、高强度的间歇训练期间，或者是在一场激烈的比赛结束之时。有证据表明，艰苦的锻炼是体验跑者的愉悦感的最佳途径。

当你稍有压力时，内源性大麻素的分泌量会增加，但不会到达极限。以最大心率的 70%~85% 跑步，似乎是使内源性大麻素激增的最佳途径，也是产生应激激素，如皮质醇和肾上腺素的最佳时机。在应对筋疲力尽的痛苦时，内啡肽的分泌量也会增多。

跑步不应该令人难以忍受，但你应该将它推到舒适区的边缘。你也不应该过度用力，这样会导致慢性压力和激素的过度分泌。

策略 4：和朋友一起跑

你可以与一些跑友保持联系，我们将在第 10 章继续讨论这个问题。牛津大学的一项研究发现，与独自训练的赛艇运动员相比，与他人一起训练的赛艇运动员的内啡肽释放量明显更多。梅多斯表示，与一群人一起跑步时，她总是沉浸在欢乐的情绪中。不过，如果独自跑步，你可以考虑佩戴耳机并播放一些最喜欢的音乐。研究表明，听喜欢的音乐是提高内啡肽水平的另一种好方法。研究还表明，人体内清晨的内源性大麻素水平比晚上高 3 倍，这表明早晨比其他时间更适合寻找你的愉悦感。

获得心流的三大策略

你必须努力超脱，这是不是听起来有点奇怪呢？像任何有用的技能一样，心流需要花费时间来掌握。如果你没有太多使用心理肌肉的经验，那么它可能需要很长一段时间才能成形。在那种情况下，大脑和你的四肢或臀部没有什么不同。你需要定期练习和训练，才能有机会获得心流。你越是训练自己的思维超脱，就越有机会达到心流状态。

为了给自己一个体会心流状态的机会，你必须做一些与刺激跑者的愉悦感相同的事情，但它们之间还是有很大的不同之处。你同样需要保持一种良好的状态，需要检视你的消极的想法，需要思考积极的想法，需要放下焦虑并活在当下。但是你也需要遵循自己的原则，不断训练全神贯注。同样，我并不能向你保证你一定会通过以下方法达到心流状态。

心流策略 1：试着联想，而不是分离

跑者告诉我，当你在有意识的受控的思想中开始跑步时，心流状态更容易获得。试着联想而不是分离，这样你才能全心全意地专注于手头的任务。最大限度地减少分心，把你的烦恼、问题和电话都留在家里。尽管心流状态中时间感很弱，但有一种完全沉浸在你所做的事情中的感觉。

心流策略 2：尝试找到完美的挑战

根据希斯赞特米哈伊的说法，稍作拓展以达到比现在更进一步的目标是培养心流状态的好方法。所以，你应该尝试找到完美的挑战。如果你的 5 公里耗时很稳定，那么缩短 1 分钟或将目标设定为 10 公里将是你必须努力才能达成的愿望，而你的目标应该在你的能力范围内。

这样做也有助于明确目标。口头上说你想增加配速是一种粗略的目标，而缩短 10 公里耗时的 30 秒或者在 4 小时内完成一次马拉松比赛是具体的、可操作的、可衡量的目标。目标应该是你真正关心的事情，它应该很有趣，是真正可以实现的。它虽然很艰难，但是你通过努力锻炼和艰苦付出，应该能够实现。不仅如此，你还必须放弃任何先入为主的局限,并相信它们是可以实现的。关于为什么目标是重要的以及如何设定，请参阅第 4 章。

然而，当你跑步时，要注重过程而不是目标。这表面上看起来似乎是矛盾的，但事实并非如此。最简单的解释方法是，即使只为终点而战，你也应该尝试享受奔跑的过程。

心流策略 3：选择同伴

有些人说，他们在单独跑步中更容易进入状态。其他人告诉我，他们从团队中汲取能量。我认为你将不得不对此进行试验，从而找出适合自己的方式。尽管集体跑步对一些人来说可能会造成注意力不集中，但另一些人则会从中汲取力量和动力。

跑者的愉悦感和心流这两种跑步带来的心理幸福感具有极大的魅力。一旦你经历过上述任何一种自由愉悦的感觉，就会一次又一次地想要找回它。在你跑步的大部分时间中，你的大脑会充满刻意的和根深蒂固的思维模式。学习激发欢乐且充满活力、幸福且放松的大脑反应并不容易，但是它们绝对值得追求。即使永远不会达到这种状态，也值得尝试一下，因为你所做的努力将会让你成为一个更好的跑者。至少，你的跑步会更加高效和愉快。

跑者贴士

1. 获取跑步愉悦感的四大策略：

（1）积极乐观地考虑问题；

（2）寻找新颖性；

（3）迎接挑战；

（4）和朋友一起跑。

2. 获得心流的三大策略：

（1）试着联想，而不是分离；

（2）尝试找到完美的挑战；

（3）选择同伴。

08 策略 5：增加跑步的仪式感，取得独特优势

我曾在《跑者世界》的社交网站主页发布了一个问题，询问跑者们是否会在赛前举行某种仪式、做出迷信行为或产生某种愚蠢的信念。在不到 3 个小时内，我收到了 187 个回复。

40 名运动员表示，他们必须在比赛前吃同样的东西。其中 4 人赛前吃香蕉，7 人吃燕麦，有 3 个人说他们前一天晚上总是会吃三文鱼和西兰花，还有一个人必须在赛前喝下一碗肉桂味的麦片粥。

23 人承认他们在比赛前必须去洗手间，其中几个得去好几次，甚至有一个人承认他在枪响之前得撒 6 次尿。

16 名跑者表示，他们觉得需要化妆或佩戴珠宝，这样做的并不全是女

性；还有几个人说，除非戴着特殊的马尾辫发圈、发带、头巾或帽子，否则他们总感觉有什么地方不对劲。有 5 个男人说他们必须刮掉脸上的胡须，另外几个女生说自己总是会刮腿毛。有 5 位跑者总是佩戴着幸运的安全别针，另外还有 4 位会在自己的身体或鞋子上写下一个幸运数字。

在他们开始排队之前，有 15 名运动员会深情地祈祷。11 人在赛前会听特定的歌曲或歌单。有一人承认，除非他的妻子在赛前为穿着比赛日服装的他拍照，否则他无法跑得很好。

有 12 名跑者表示，他们认为在正式比赛前穿上赛事 T 恤是不祥的。有人说，如果你没有完成比赛，那就是因为穿了赛事 T 恤。另一个人必须在超过 10 公里的比赛中穿《星际迷航》的 T 恤衫。有 5 个人在每场比赛中都会穿上特别的幸运内衣。

有 7 个人会穿一双不成套的幸运袜。有 8 个人说，他们在一次比赛中必须多次系紧鞋带。为了带来好运气，有 8 个人说他们会先穿左脚的鞋子，有 5 个人会先穿右脚的鞋子。

有很多人提到了幸运硬币、神奇的颜色、穿比赛服的特殊方式，以及摸树、摸路牌甚至摸赛道沿线的距离标志牌等强迫性需求。

并非只有普通跑者才有自己的幸运物。弗朗西·拉里厄·史密斯说，她有一段时间必须得穿白色服装参加比赛，而在 20 多岁时的一段时间里，她必须戴一对耳环参加比赛。琼·贝努瓦·塞缪尔森有着著名的幸运的油漆工帽子，甚至梅布·科弗雷兹基也承认自己有一双幸运袜和一顿幸运晚餐。

你是否认为跑者是“迷信”的人？是的，他们是！一般来说，任何体育项目的运动员都有点“迷信”。有些参加 5 公里赛的运动员出门前的仪式甚至比飞机起飞前飞行员的惯例检查程序都要复杂。既然大家都已经如此坦诚了，那不妨说一说：你们中有多少人认为，不在赛道折返点上轻敲某物就意味着里程不算数？

跑步仪式会影响跑步成绩吗

著名心理学家斯金纳（B. F. Skinner）有一次在他演讲的开篇中提到了几只鸽子，它们被喂养在装有自动喂食器、每隔 15 秒递送一次食物的笼子中。当他揭开笼子时，一只鸽子会在观察食物篮之前逆时针旋转 3 次，一只会将其头部推入左上角，另一只会低下头后抬起一只脚。每次笼子揭开时，这些鸽子都会跳自己独特的“仪式舞”，之后它们都会得到食物。

斯金纳对这种奇怪的行为有一个有趣的解释：虽然我们知道不管鸽子做什么，我们都会给它们喂食，但鸽子不知道。这些可怜的小鸟对获取下一顿饭感到焦虑，所以它们会在食物出现之前按照过去进食前的举动来创造出一种舞动仪式，并将它当作一种好运，即一种迷信思想的象征。

你是不是对这些可怜的傻鸟产生了一种优越感呢？事实上，你不应该这样想。斯金纳认为，鸽子的舞动与我们人类为缓解焦虑而设计的仪式和迷信并无不同，比如那个在比赛前强迫自己吃一碗肉桂味麦片的人。波士顿人也一样，如果一个球迷在红袜队进球时正在翻冰箱找食物，那么每当红袜队有人准备上垒时，他就可能去厨房期待好运的降临。

无论何种物种，当大脑重复先前成功前的举动时，就形成了迷信行为。即使他们根本不了解重复这些行为是否会影响结果，也还是会这样做。如果有人认为穿着特殊的内裤跑步会影响跑步表现，或者在 14.5 公里的标记处触摸停止标志会影响比赛成绩，那他与单脚跳跃的鸽子就没有本质区别。

对大脑来说，重复仪式很必要

从最基本的意义上讲，“迷信”是一种大脑习惯。你的大脑会依赖于习惯性行为，因为它不确定情况。在你的思维中，这种仪式有助于确保好事情的发生或者避免发生不好的事情。当你认为某种情况下的风险，比如比赛的结果，特别大时，对大脑来说，重复过去取得好成绩时的任何行为都很有必要。

一些科学家认为，这种神奇思维的存在有神经生物学的理论基础。网状激活系统似乎可以帮助你对信息进行分类，从而让你产生对自己的信念。它为你提供了你如何看待自己的理论基础，自我形象的一部分就包括你的信仰，无论它们是基于现实还是迷信思维。一些关于服装的迷信可能归因于一种被称为“着装认知”的现象，也就是说，你培养了一种将你的感觉和自我形象与某些衣物相联系的信念。

部分额叶似乎也参与了观察有目的的行动，并会解码这些观察的情绪影响。特别是尾状核，它是位于大脑中央附近的一个微小结构，拥有很多让你的大脑充满愉快情绪的多巴胺神经元和其他影响迷信行为的大脑化学物质。

当你面对一些感觉良好的事物时，多巴胺会大量分泌。它还有助于协调情绪反应与行动能力，所以你不仅会与感知到的奖励建立一种情感连接，而且会采取行动向它们靠近。在一项著名的瑞士研究中，科学家发现高水平的多巴胺与超自然的想法和强化的模式觉知能力有关。作为大脑奖励和激励系统中的重要化学物质，它有助于大脑专注于它认为与此情况有关的信息。超自然的想法、重复的模式和关联性是迷信的基石，尤其是当你的运动服号码是 666 或以 13 结尾时。

科学家还怀疑以 VMAT2 为名的迷信基因的遗传基础。该基因似乎是调节血清素、肾上腺素、去甲肾上腺素和多巴胺的开关，而多巴胺是情绪反应中常见的元凶。有趣的是，这些相同的化学物质也在运动表现中起作用。例如，肾上腺素这个所谓的“逃跑或战斗”激素提高了身体的反应能力，血清素是情绪增强剂，多巴胺和去甲肾上腺素与情绪和行为有关。

一些初步研究表明，具有 VMAT2 基因变异的人倾向于分泌更高水平的影响感觉和行为的化学物质。对于有这种遗传变异的人，执行某种形式的仪式会打开大脑化学物质的大门，表面上增加了获得更好的体能表现的机会，所以会投入更多精力来保持这种迷信行为。

虽然这个领域还需要更深入的研究，但至少它现在是一个有趣的理论。

掌控你的仪式，而不是被它控制

当然不是只有跑者才会迷信，在所有文化中都可以找到仪式、护身符和厄运等元素。这包括各种体育运动的亚文化，比如季后赛蓄须、赛前用餐和特殊号码。一些著名的例子有：

> 老虎伍兹在决赛中只穿红色衬衫。塞雷娜·威廉姆斯（Serena Williams）在第一次发球前总是会弹 5 次球，在第二次发球前会弹两次球。名人堂棒球运动员韦德·博格斯（Wade Boggs）可以算得上是非常迷信了，每场比赛前他必须吃鸡肉，必须精确地进行 150 次练习，并且每次在击球前总是会在地上写希伯来语“chai”，意指生命。

我们不用考虑他们的行为是否理性，也不用管这些行为是否真的有效果，我们可以继续敲木头、在肩膀上撒盐或其他迷信行为，因为在大脑深处，我们已经将这些仪式与获取成功或避免失败联系起来。那么，为什么这种神奇的思想在田径运动中如此盛行呢？

因为在某种程度上，它似乎真的有效。研究似乎也支持这样的观点，即完成荒谬、无意义的动作可以对运动表现产生积极的影响。

一份实验心理学杂志调查了一群大学生，通过大声说出自己肯定会在今年冬天遇到车祸来向自己下咒语。当后来被问到这个问题时，下了咒语的人认为他们比没有这样做的同学更有可能遭遇车祸，这个结果可能是因为咒语把撞车的想法带到了他们的脑中。

研究人员随后要求一些学生通过敲一张木桌来招揽好运，从而消除这个恶咒。在这种情况下，与那些一开始就没有对自己施咒的人一样，敲桌子的人也不再想着自己会遭遇车祸了。这种历史悠久的迷信行为至少在学生的脑海中扭转了咒语的所有不良后果。

研究人员认为敲木桌和其他仪式的效果异曲同工。内衣、鞋带和麦片本身可能并不具备魔力，但在你心中，你认为它们会帮助你“推开”厄运。研究人员怀疑人们倾向于通过迷信的思想和行为来帮助自己镇静下来，这些行为似乎刺激了你想避免不良事件时所体验到的感受、想法和知觉。

顺便说一句，这并不是真正的魔法，正如我所说的，某种程度上它是硬连接到大脑的东西。但在我看来，它也与信仰和情感有很大关系。我们倾向于给对象和行为赋予意义，即使它们不完全理性。一旦你下定决心要做这件事，就没有人能够劝你回头。各种情形会再三让我们确认信念，因为我们都有一种确认偏误，也就是说，我们倾向于关注自己确认的事情。如果你先绑左脚鞋带，你可能不会每次跑出个人最好成绩，但如果你有一次取得好成绩时恰巧先绑左脚鞋带，你就会迷上它。

这种思维可能是不合逻辑的，但它提供了一种控制感、舒适感和意义感，这种感觉与孩子紧紧抱着他们最心爱的泰迪熊的感觉相似。迷信这种被施了魔法的信念和仪式行为有助于你保持冷静和集中注意力，不让你的焦虑占上风并最终妨碍你的表现。反过来，这实际上就会对你的表现产生积极的直接影响。

在德国科隆大学，研究人员设计了一系列实验来证明这种魔法思维的力量。在第一项测试中，被赋予"幸运"高尔夫球的参与者比打普通高尔夫球的高尔夫球手的成绩高出35%。然后，在第二项测试中，参与者的任务是尽可能快地将尽可能多的小球打过立方体的孔。那些被告知交叉手指能得到好运的人比那些直接进行比赛的选手的成绩更好。在最后的两个实验中，参与者被告知将自己的个人幸运物带到他们的实验室，然后接受了一系列记忆测试，测试结果表明带了幸运物的参与者的表现更突出。

正如研究所表明的那样，迷信的信念加强了运动员对自己能力的信心。另外，它们将秩序和意义添加到一个混乱而荒谬的宇宙中。在运动员的心目中，赛前惯例行为显然能够引发积极的表现结果。对于这一点，我完全同意。

然而，这并不意味着迷信没有坏处。如果你在大脑中过分重视它们，就会因赛前没有完成某些惯例而惶恐和不安。因此，在比赛尚未开始之前，你就已经被击败了。你应该控制你的特殊护身符，而不是被它控制。如果你找不到你的幸运内衣，会发生什么？或者如果你得到了一个不幸的号码，会发生什么？这是否会破坏你的信心、妨碍你的表现或者让你感到非常失望，甚至无法让自己参加比赛？

在最坏的情况下，迷信是一种心理上的囤积行为，它可能会导致痴迷、宿命论或恐怖主义。但另一方面，如果没有这些迷信思想，你每次踩到起跑线时都会感到恐惧和惴惴不安。我认为你可以适当地采取一点迷信措施。你可以有你自己的迷信方式，但记得要灵活应对。例如，科弗雷兹基告诉我，在职业生涯的早期，他总是在大型比赛前一晚吃意大利面和肉丸，而且必须是相同的意大利面。随着职业生涯的腾飞，他开始在全球各地参加比赛。

他说："你在日本并不总是能吃到意大利面。我仍然喜欢吃意大利面和肉丸，因为这是一种传统，但如果我无法吃到它们，也没什么关系，我不会让它影响我的比赛。"

所以，我认为相信这种"魔法"没有问题，前提是你知道自己作为跑者所拥有的实际能力。它并不会让你变得无知、蛮不讲理，也不会让你成为一个傻瓜，反而可能会帮助你跑出一个好的成绩。

大多数人都容易产生迷信的想法，只要你将它用在对自己有利的地方就没有什么问题。如果你认为以某种方式固定你的比赛号码或者穿一双特别的袜子会让你创造个人最好成绩，那就这样做吧。你和其他人，包括那些世界级选手做着同样的事。如果你找不到那只特别的安全别针，或者你的一只幸运袜很不幸地去了烘干机的天堂，也请不要惊慌失措。只要你不让迷信过分地干扰你的想法，它们反而可能会帮助你保持放松和集中注意力。

1. 对大脑大说，重复过去取得好成绩时的任何行为都很有必要。
2. 如果你认为以某种方式固定你的比赛号码或者穿一双特别的袜子会让你创造个人最好成绩，那就这样做吧。

09 策略 6：增强着装认知，用脑选择装备

“整装待发！”这是美国热门电视剧《老爸老妈的浪漫史》中的巴尼·斯廷森（Barney Stinson）的口头禅。

斯廷森由尼尔·帕特里克·哈里斯（Neil Patrick Harris）扮演，他有西装癖，甚至为他的衣服编了一首歌曲，还会穿着西装睡衣睡觉，并曾将自己选择的服装描述为“充满欢乐……像婴儿的微笑一样令人着迷”。在他第一次抚平领带并系上袖扣时，斯廷森就用穿着定义了自己。如果西装可以代表一个男人，那么他就是全羊毛的华达呢布料和光滑的丝绸。

斯廷森可能是一个虚构的人物，但穿着的力量确实真实存在。这是一个千真万确、得到证实的效果，即你穿着的衣服有能力改变你，所以它也可以改变你的锻炼效果。这是一个相对较新的研究领域，其技术性和理论

性非常高。我想在此深入了解这里面所蕴含的科学知识，以便为你提供一个案例，说明为什么你应该慎重选择自己参加跑步比赛的服装。这已经超出了拥有一双幸运内衣或神奇袜子的迷信思想，而更接近于确立跑者身份的认知。

选择装备的科学

科学家亚当·加林斯基（Adam D. Galinsky）是西北大学凯洛格商学院的教授，2012 年，他通过一系列巧妙的实验，发现了被他命名为“着装认知”的现象。

在第一个实验中，加林斯基探索了穿着白色实验服对注意力持续时间的影响。他把 58 名本科生分成两组，一组被要求穿实验服，另一组穿他们自己的便服。当穿着实验服的学生得知他们洁白无瑕的服装属于医生后，研究人员测试了两组学生的选择性注意的程度。

为此，科学家们让学生去发现一系列任务中的不一致性，并对此能力进行评分。例如，他们要注意到用绿色墨水书写“红色”这个词显得不合逻辑。穿白色实验服的学生的误差比穿日常服装的学生的误差少了一半。

在第二个实验中，另一组学生随机分配到 3 组中。一组人员被要求穿着医生的实验服，另一组被分配了完全相同的服装，但被告知这件衣服属于一名画家，最后一组穿着普通的衣服，但同时也让他们看到了挂在桌子间的医生外套。再一次，3 个小组都接受了一系列的测试来衡量他们的持续注意力。这一次，穿着医生外衣的参与者得分依然最高。

在第三个实验中，学生的着装与第二个实验的一样，3 组学生被要求在穿着相应服装的情况下写下他们的看法。正如前两次实验那样，那些穿着被认为是属于医生的外套的人表现出超强的持续注意力。

虽然听起来十分有趣，但这到底意味着什么呢?

加林斯基最后得出的结论是，某些衣物具有象征意义。尽管绘画确实是一门高尚的职业，但西方社会中的大多数人并不认为它与医生一样在推理、注重细节以及专注方面有紧密的联系。当你穿着通常由医生才可以穿的衣服时，会潜意识地承担传统上归属于医生的特征。科学家们总结说，你必须穿上这件衣服，才能与医生那种最强烈的氛围摩擦出火花，仅仅看着它是不能够感同身受的。

无论是否知道，但你在日常现实生活中应该都看到过或体验过着装认知的例子。服装的象征和社会性质无疑会以各种方式对你产生影响。最近在北伊利诺伊大学进行的研究发现，相比于积极情绪，消极情绪会对人的穿着产生更大的影响，至少对于女性来说是这样的。一项研究发现，患抑郁症的女性更可能会穿上牛仔裤和一件松松垮垮的上衣来试图“隐藏”自己，而自尊心强的女人更可能穿着华丽的衣服作为自我感觉良好的反映。这表明至少女性有幸福的和悲伤的衣柜，患抑郁症的女性比起那些阳光开朗的女性来，更不太愿意为自己的外表付出过多的努力。

在服装如何帮助你适应角色方面，为求职面试精心准备的着装是另一个很好的例子。在求职面试中，大多数人都知道要着商务服装，即使在正常的生活中，他们也会穿更紧身的衣服。你穿着整洁、保守的服装向所有人传达你是一个熟练和成功的专业人士，而同样的服装也有助于你将这些相同的属性反射到自己身上。如果你曾经遇到过这种情况，那就可能已经体验过扣上西装外套和穿上一双锃亮的皮鞋会如何改变你的言行举止。嘿，斯廷森正要去干一件大事!

服装的颜色也有改变观念的力量。不同的颜色似乎有不同的效果。有趣的是，研究表明穿着红色制服的队伍可能会压过穿着蓝色制服的队伍。在这种文化中，我们将红色与高水平的睾酮和优势联系在一起，所以穿着红色衣服的人感觉更具统治力，而他的对手感觉更弱。

当然，抛开着装认知，其他人也会根据你的着装来判断你，这是众所周知的。研究表明，甚至连 7 岁的孩子都相信服装品位会传达出一个人的性情。一项土耳其研究发现，人们只需短短 3 秒钟就可以对其他人进行快速判断，而其中大部分判断都基于某人的穿着。轻微的差异，例如轻微的颜色变化或大小调整，可以极大地改变这些判断。即使是教师，也会根据孩子的外在魅力来判断他们的智力水平。

穿得像跑者，你会跑得更快

也许你对着装认知如何影响运动员的表现已经很清晰了：穿得像医生，你就会更加集中注意力；穿得像跑者，你就会跑得更快。

穿着光滑的紧身裤不仅会让你的臀部看起来更健美，而且会让你看起来更像一名跑者，每个人也都会像你认识自己那样将你定义为一名跑者。你也给你的网状激活系统提供了一些有价值的信息，而它正是大脑中负责形成信念和个人身份认知的部分。仅凭借你所穿的衣服，你就能向大脑发送你觉得自己可以跑得更远、可以再加把劲的信息。正确的衣服能够帮助你相信自己会更快、更强壮，更像一名运动员。

由此，你可以通过改变穿着方式来改善跑步的效果。**穿得像个跑者，你就会感觉自己是个跑者，那么你就会成为一个跑者。**

想一想你收藏的关于跑步的每篇文章对你有什么样的象征意义。现在请问自己："什么能让我感到精力旺盛、健步如飞、强壮而自信呢？"是否有一款特别时尚、线条优美的鞋子让你想到速度和耐力？你的高科技外套会提醒你该去山上徒步旅行，从而激励你去爬山吗？我们在第 8 章中谈到的那些幸运袜会有这样的效果吗？穿上它们是否会给你一种无敌的感觉？

也许让迷信思想来指导你的服装选择有点像巫术和魔法，但选择让你最容易成功的服饰是可行的。

如果你真的想从中受益，那就尝试精心整合着装认知实验的结果，从而塑造你跑步穿着的主观心理体验。如果准备好了，就花点时间来审视一下自己，并问："我今天想要什么样的感觉？"有了这个想法和一些关于你的服装选择的意识，你就已经成功一半了。

一旦你确定了能象征你跑出期待表现的那件衣服，穿上它就行了。然后，搭配相应的帽子、太阳镜，甚至是最符合你目标状态的水瓶。你越有信心，就越容易走向跑道、踏上跑步机或赛道，努力获得想要的结果。你会开始自我感觉良好，这反过来会激励你按照自己的感觉来穿戴。你的衣服代表你内在的动力和感受。这是一个由网状激活系统和大脑记忆区域强化的反馈循环：因为我感觉很好，所以我会穿上让我看起来更加精神抖擞、魅力四射的衣物。

尝试一下，然后注意你有意识进行的着装认知实验是如何演化的。你看到行为的改变了吗？穿衣服这件事是否变得更加有趣了？

这并不是说着装认知和动机是一回事儿。如果你在过去的 6 个月内无法让自己走上跑道，那么一条新裤子不太可能会激发你跑步的愿望，但这也不是绝无可能。

你会惊讶于着装认知对你作为一名真正跑者的影响，正确的服装可以让你真正“感受”自己。就像生活中的其他情况，当你穿着这件衣服时，就会成为其中的一部分。这就是你应该选择让你觉得自己属于跑道的服装的原因。

1. 服装的颜色也有改变观念的力量，研究表明穿着红色制服的队伍可能会压过穿着蓝色制服的队伍。
2. 你的衣服代表你内在的动力和感受。
3. 穿得像个跑者，你就会感觉自己是个跑者，那么你就会成为一个跑者。

THE RUNNER'S BRAIN

HOW TO THINK SMARTER TO RUN BETTER

第三部分

跑步中应对各种问题的思维方式

总有一天，每一个跑者都会想让自己的水平更上一层楼。与同伴一起跑步会让你成为一名更好的跑者吗？你应该通过参加一两场比赛来测试训练效果吗？如果你决定参加比赛，如何才能走上每个跑者都梦寐以求的赛场呢？

作为一名跑者，你也必定会经历高潮与低谷。刷新个人成绩、征服一个新的距离或发现一条新的跑步路线，这些都是你跑步生涯的高潮，它们都很了不起。但让我们面对现实：低谷不会给我们带来什么乐趣。还记得那些仅仅 5 公里的距离却怎么也跑不到尽头的感受；或者跑在最后，腘绳肌却开始因不满而抱怨；抑或你跑到心脏都快要跳出来时却看到一位推着婴儿车的娇小女士经过你身边的日子吗？在这样的日子里，你会感觉整个世界的重量就在你的跑鞋里。

在与跑者打交道的这十几年中，我了解了很多他们经常会遇到的障碍。有些是体力耗损，如受伤或撞墙；有些人的生活环境则不可避免地会起到阻碍作用，任何有孩子的人或者在新的年龄组的比赛报名表上打钩的人都知道我正在谈论的内容；其他人的障碍则源于自身，它们产生于你的大脑，并越来越活跃。

现在，我们将探讨几乎每个跑者都会面临的具体问题。

10

一个人跑，还是加入跑团

长距离跑者的孤独感是跑圈中最根深蒂固的陈词滥调之一。当然，作为一名跑者，你知道这种说法并不是空穴来风。《跑者世界》的一项调查发现，73% 的读者声称自己在大部分时间中都是独自跑步的，7% 的人表示自己经常与一位朋友一起跑步，只有 5% 的人表示通常与跑团一起跑。

在一个充斥着手机的吱吱声、短信的哔哔声，以及亲友和同事的喋喋不休声的世界里，你脚步声中的宁静回声可能是美好的。这并不是说花时间与朋友在一起或在社交媒体上交朋友不好，但有些时候，你会想要拔掉电源，按自己的想法独自行事。对大部分跑者来说，脚踏路面意味着按上生活中的静音按钮。

我也认为跑者不适合组队。不要误会我的意思，我认识的大多数跑者都是最可爱的人。只是他们似乎不会从传球、策划进攻或者吊高球中获得快感，而是倾向于在锻炼过程中略过策略、协作和妥协（尤其在装备上）等一系列复杂的因素。对他们来说，奔跑是“我、自己和自我”的时间，一次次独自出发让他们从生活中其他需要更多协作的事务中获得了喘息的空间。

伴随着这种独狼心态，我认识的很多跑者都以目标为导向。你可能现在不明白，但这两点是相关的。正如我告诉你的，目标是跑步心理学的基础。单独跑步或与其他人一起跑会极大地影响你达到这些目标的方式。

加入跑团的意义

在 40 岁生日来临之际，约翰·戴维斯（Joan Davis）想为此做一件大事。7 年多来，他将跑步看成一件十分严肃的事情，他参加了几次马拉松比赛，但从未真正重视比赛时间或训练节奏。他告诉我，他认为就冲着经常出现在赛场上的精神，他也值得收获表扬。

“年近不惑，我决定逼自己一把，”他说，“在那之前，我的马拉松成绩都在 4 个半小时左右，其实这已经相当不错了，但是当我开始考虑能为自己的生日送上什么礼物时，我想知道自己是否能跑进 4 小时。”

戴维斯偶尔会在周末与好友一起跑步，但大多数时候他都会在上班前的清晨独自跑步。他说，虽然他承认自己有时可能懒得跳出固有的思维模式，但这样更简单方便。他几乎每天都在同一时间跑同一条路线，而且很少会强迫自己加速。

“很长一段时间，我都是处于‘自动驾驶’的模式。”他说。

距离他的生日和跑进 4 小时的目标还剩 6 个月，他需要一些动力，于是决定加入当地的跑团，每周几个晚上在他家附近的公园里一起跑步，这样可以更好地帮他完成目标。这意味着要改变他的常规训练计划，但他认为只要有收获，他就可以克服一切困难。无论如何，他认为参加一些训练总不会有什么坏处吧！如果不奏效，他就可以恢复自己之前的训练方法。

心理学家会告诉你，戴维斯的想法是正确的。几十年来，他们早已知道，与跑友或跑团一起锻炼可以对运动表现产生潜在的积极影响。早在 1898 年，心理学家诺曼·特里普利特（Norman Triplett）就注意到，那些结伴而行而不是独自争分夺秒的自行车手的速度提高得更快，而钓鱼时彼此竞争的儿童收起鱼线的速度比他们独自一人时完成得更快。

特里普利特称这种伙伴现象为“合作效应”（co-action effect）。心理学家很快发现，仅仅拥有一个观众就足以提高表现，这与一种被称为“观众效应”的心理反应相关。这两种效应都是社会助长作用的一种形式，指的是由于其他人的存在而提高了表现。

研究表明，社会助长作用往往是一个强大的动力。在一项研究中，自行车手被告知他们的心率将根据他们的表现来测量。第一组参与者单独骑自行车，第二组参与者则边骑行边与同伴视频聊天。第三组实际上也有合作伙伴，但他们被告知他们的整体表现水平将取决于表现较差的那一方。

测试开始之前，为了增加实验的可信度，研究人员向一部分参与者说了一个善意的谎言。虽然他们相信同伴可以通过屏幕看到自己的表现，而且也会争分夺秒地为赢得比赛而努力前进，但实际上他们的虚拟好友是预先录制的。第三组中的骑行者，即那些认为他们将基于表现得到评判的参与者，将与录制好的视频配对，这样无论他们多么努力，他们的“搭档”总是比他们表现得更好。

以下就是测试的结果：独行自行车手在停下来之前进行了 11 分钟的骑行。这已经算是很不错的表现了。第二组参与者受到预先录制好的同伴的激励，持续时间超过了 19 分钟。相较于独行自行车手，改善程度为 87%，不算太差。第三组的表现如何呢？虽然他们试图赶上自己优秀同伴（虽然是假的）的努力是徒劳无益的，但他们在 22 分钟内拼尽了全力，这是独行自行车手的两倍时间。

你可以假设这些社会助长作用也能作用于跑者，而且我想跑者确实可以想象着每天都有人在那里激励着自己比平时更努力。不久之后，你就会发现自己的表现大有长进。

多多益善是有道理的。在后续研究中，研究人员表明，在一个更大的群体中锻炼可能会比与单个同伴一起跑步取得更大的改善。其他地方的多项研究也发现，与跑团一起定期跑步会促进和提高跑者的表现。还有一些证据表明，当你与同伴或跑团一起跑步时，更有可能获得跑者的愉悦感。

此外，密歇根州立大学的研究表明，不管你的锻炼伙伴是否在你身边或是否被投影在屏幕上，都同样有效。这种影响在一个跑团内部尤其强烈。密歇根州立大学的研究发现，团队中最慢的成员在竞争中往往能取得最大的进步，尤其是在他们的队伍最需要他们的时候。

当了解了集体跑步的所有优点时，你可能会得出结论：现在是时候放弃你的独行模式，为自己找一个同伴或者一群志同道合的队友了。但是跑步的社会效应并不是在所有情况下都有利。

首先，与谁一起跑很重要。当圣塔克拉拉大学的研究人员让参与者在一个化着浓妆、佩戴着珠宝首饰并身着漂亮运动服的女孩旁边跑步或骑行时，他会比在没有化妆并穿着宽松衣服的同一个女孩旁边运动时慢一些。

参与者报告说，他感觉自己稍稍被这些优美的跑者吓到了，因为她“看起来很快”，所以自己会退缩。同样，当跑者和比他们稍快的其他跑者一起奔跑时，他们会因备受鼓舞而跑得更快，但当与那些他们望尘莫及的人一起奔跑时，他们反倒会放慢脚步。

例如，戴维斯发现他在与跑团一起训练的那些日子里的确更加努力。他强迫自己跨出舒适区，以便跟上一个稍微快一点的阵营。起初，他稍微落后于主力部队，特别是在冲刺和加速阶段，但是几个星期后他渐渐积累起了足够的力量和耐力，会在中间的某个地方进行加速。他一路上从其他跑者身上汲取了一些窍门和技巧，它们对以后的训练和比赛都很有价值。

由于训练水平的提高，他在生日前大约 3 周打破了 4 小时大关，并留出了 8 分钟富余。戴维斯对这个结果感到非常兴奋，但是同时他也承认，与团队一起奔跑并不是完美无瑕、毫无弊端的。他说：

> 我发现，采用一种对于自己不一定是最方便的训练方式会改变我的日程安排，这是件痛苦的事情，而且锻炼花费了我更多的时间，因为你首先得等待所有人到齐，结束后大家又得再聊一会儿……结果就是浪费了很多宝贵的时间。

戴维斯说，虽然每周两次的团队训练使他成了一名更好的跑者，但他在此过程中也比常人经受了更多的艰辛和痛苦。当试图跟上一个稍微快一点的阵营时，他有时会让自己的思绪转移到其他事物上，以便忽视他身体的一些警示信号。他说，短短几周，他就开始感到有点疲惫，并开始不断关注他的跟腱，尽管他的跟腱没有受到严重的损伤，但还是会有阵痛。

其次，个人的目标并不总是与跑团相匹配。有些晚上，即使戴维斯觉得做节奏跑或者间歇训练会更有效率，也会按照训练计划表按时出现，与跑团一起训练 400 米反复跑。他很快就学会了提前了解训练计划表，与其在团队训练中浪费时间，不如在这样的夜晚做自己想做的事情。

但是，戴维斯会告诉你，尽管有一些不便之处，但与跑团一起奔跑创造了一种他逐渐开始重视的责任感和社群感。“如果我必须找出与跑团一起跑步的最大好处，那就是他们会激励我，”戴维斯说，“是的，训练计划确实有一些小问题，但如果是我自己单独跑步，当我感到疲倦时，我肯定会停下来休息，而与跑团一起奔跑给了我咬牙坚持下去的动力。”

找到合适跑友的思维方式

寻找一个跑友或参与跑团其实很简单。本地跑步俱乐部和运动装备商店通常会定期举行见面会和训练班。有大量的应用程序和网站可以用来在线上或线下配对运动伙伴。关键就在于找到合适的跑友。

怎样才能与跑友和睦共处呢？研究似乎表明，如果你不在实验室且不采用虚拟同伴，理想的跑步伙伴就是那些比你快一些，并且与你的训练计划类似的可靠之人。你的跑友应该激励你更加努力，但不是过分努力。当你具有同样的跑步理念时，这绝对有帮助。如果早晨 5 点让你在街角等待半小时才现身；或者当他出现时，又因为没有喝咖啡而精神涣散；抑或当你想先慢跑进入状态时，他又像兔子一样冲到前面去……这些就是没有意义的。

以上这些都是非常离谱的选择，毋庸置疑，你需要理智地选择你的跑友。我觉得一起聊聊对跑步的期望是一个好主意，我建议，以防万一，你可以提前想出一个万全的解散策略。志同道合的跑友可以改变你的跑步体验，将你的训练和比赛提升到全新的水平。错误的跑友可能会妨碍你的最佳表现。

海伦·凯诺欧在挑选跑友方面有着独特的挑战。作为一个视觉障碍跑者，她需要跑友来向她“指明”前进的道路。她和她的领跑者通过链子或绳子连接，该链子或绳子的长度长到可以让手臂移动，短到当任何一个人拉动它时，另一个人可以快速改变方向。领跑者和追随者都用一只手抓住系绳的一端，并且绳子的中间有一个附加的接触点。领跑者和追随者向前移动时，他们可以调整绳索的长度和位置来适应实际情况。例如，在广阔的空地上，他们可以使用绳子的全长，这样他们就可以自由摆动手臂。当出现拥堵情况时，领跑者会缩短系绳，使他和他负责的跑者能够穿过拥挤的人群。

凯诺欧告诉我，如果她的跑友不能胜任这项任务，就可能会让她成绩退步，这是一个说明错误的跑友如何影响你跑步的极端例子。“最难的是，我的领跑者可能在比赛结束前已经筋疲力尽，或者在半路上突然掉链子。”她说。

即便你通常与一个跑团一起跑步，我仍然建议你偶尔独自跑步，因为它提供了一些独特的优势。虽然参加跑团可以较理想地分离出一些费力的方面，但打你自己的卡可以让你更好地进入状态并进行微调，你可以把所有的注意力都放在跑姿、呼吸和影响表现的其他技术方面。参加过5次奥运会的选手弗朗茜·拉里厄·史密斯给我留下了深刻的印象。她说，在她竞技水平最高的那些年，当她需要一个自省的时刻来关注自己的跑姿和配速时，会独自一人奔跑；当她想让自己的大脑暂时放下训练的某些方面时，会与团队一起奔跑。

独自跑步可能是练习联想策略的最佳时机。让一些跑者进入更高水平的心流状态就是一种强烈的联想体验。摆脱噪音以及与他人一起跑步的压力似乎增加了你获得心流的机会，特别是，如果你是一位经验跑者，这种概率就会更大。根据跑友们告诉我的经验来看，心流状态和跑者的愉悦感可能发生在任何团队和个人的跑步过程中。

独自跑步肯定比与不合适的跑友或团队一起奔跑要好。如果你总是与比你水平低的人一起跑步，就会虚度光阴，你的水平也可能会下降。同样，与远远超出自己能力的人一起跑步会损害你的自信心，并让你精疲力竭。而且，我希望你保护作为跑者的身份认知。

跑步既可以作为社交的一种方式，也可以是一种随心所欲的简单体验，但两者很难兼顾。这就是我极力推荐混搭方法的原因。寻找一个可靠的跑友或团队，与他们一起跑步，但要控制次数。独自跑步以保持跑步的独立性，但当你需要鼓舞时，与团队一起奔跑。充分利用团队和个人的动力，这可以让你了解并挑战自己作为跑者的潜力，同时不会失去作为团队一员的身份。

跑者贴士

1. 团队训练可以教你在舒适区之外训练，并不断将你推向最佳表现，而独自训练会让你多留意自己的身体。
2. 寻找一个可靠的跑友或团队，与他们一起跑步，但要控制次数。

11 你适不适合参赛

如果你正在考虑启动一个跑步项目，为什么不先跑起来呢？这就是英国跑者艾丽斯·汉普希尔（Alice Hampshire）所做的事情。她的第一次跑步经历也是她的第一场跑步比赛。

“我想，让我们看看到底会发生什么。”她谈到6年前，她在一个星期天早上突发奇想去参加的5公里赛跑。是什么让她决定这样做？她说：

> 这其实只是我的突发奇想，我一直在考虑要开始健身，在比赛的前一天晚上，我想，为什么不呢？因此，我在第二天早上出发并在比赛开始前约30分钟进行注册报名，半小时后，我发现自己与其他300个顽强的灵魂一起站在了起跑线上。枪响了，然后我就开跑了。

多么奇妙的经历啊！她成功跑完了全程，整个赛道跑起来平坦而快速，中间有几个坡度。她的平均配速大约每公里 7 分钟，如果考虑到几次为调整气息而采取的快速步行和一两次在补水站的停留，结果已经很不错了。

是的，如果她曾经训练过，她可能会跑得更快。设定一些目标并朝着它们努力，然后尝试参加比赛，这将是一个更好的主意。虽然她四肢的疼痛感持续了一个星期，但那第一次 5 公里跑在她的内心点燃了希望的火苗。

“我从一开始就喜欢参加比赛的感觉，当开始注册下一场比赛并开始策划我的训练时，我仍然沉浸在上次澎湃的激情中。”她说。

汉普希尔现在是一个每周坚持跑 32 公里的规律跑者，并且在当地是 5 公里和 10 公里比赛的常客。与她开始时的表现相比，她有了巨大的提高，这就是训练的成果。她正在尝试在她的年龄组中以每公里 5 分 30 秒的配速完赛，她不太想宣扬这一目标。

来自新泽西州的泰迪·巴雷特（Teddy Barrett）对比赛的感觉完全相反。“真是太痛苦了，”他说，“你必须早起，起跑时得和别人挤在一起争抢赛道，直到每个人慢慢散开、拉开距离，赛跑才算真正开始。”

正如巴雷特会告诉你的，比赛并不适合他。不管是他独自一人跑步，还是有时和几个伙伴围绕着街区赛跑几圈，都让他感觉无比幸福。但请不要误会，他并不是一个懒鬼，他属于那种在你晨跑时超过你，让你感觉自己在倒着跑的人。他也不是隐士，他仅仅是不喜欢与时间赛跑以及和其他“300 个顽强的灵魂”一起踏上起跑线，继而来判断自己在同龄人中所处的位置。

他们俩都是全心全意的跑者，但每个人对比赛持有不同的观点。作为一个与跑者一起参加训练的人，我并不觉得这有什么值得惊讶的。比赛是体育运动中最有争议的话题之一，就像你是否应该吃黏豆包或者最好的跑鞋品牌是什么一样。你的意见是由你的目标、个性和心理状态决定的。比赛是否适合你的整体思维策略，或者它是不是像脚后跟的水疱那样是需要避而远之的东西，这种探索是值得尝试的。

比赛与训练不同

汉普希尔是一只穿梭在人群之间的社交蝴蝶，而巴雷特更像越冬树上喜欢随风飘扬的孤叶。为什么一个人会在竞争中茁壮成长，而另一个人则会那么反感竞争呢?

正如我们在前一章中学到的，团队训练可以教你在舒适区之外训练，并不断将你推向最佳表现，而独自训练会让你多留意自己的身体。不管你更倾向于哪一种训练方式，这些都是作为跑者所必备的重要体验。但比赛与平时的训练还是有区别的。

比赛是一杯包含着相聚与孤独两种滋味的独特鸡尾酒。你被各类跑者和众多观众围绕着，在比赛前后又得与大家礼节性交谈。还有一些与比赛相关的独特的社交怪相，比如：与那些碰巧在起跑线附近一起站立或以同样速度跑步的陌生人攀谈，跑者们在 16 公里处上洗手间时很容易发生冲突，他们还会炫耀将死敌狠甩 100 米的时刻。

然而，尽管大家相聚在一起，比赛究其本质仍然是一个人在孤军奋战。一旦枪声想起，每一个跑者都是一个人在奋战。在数公里之内，你可能会被数千人围绕，但最终你只能自己跑完所有里程，也只有你会为你的努力付出承担责任。这取决于你是否竭尽所能，并且跑出你力所能及的最快成绩。

尽管社会因素可能对你的比赛意愿有更多的潜意识影响，但也许你以前从来没有想过在这种情况下比赛，既然我们现在在谈论它，那么请问问你自己：比赛的社交性是让你兴奋还是烦恼，它激励了你还是击退了你？

动机是参赛的利器

巧合的是，另一位英国选手埃丝特尔·伯克希尔（Estelle Berkshire）告诉我，她生命中最棒的一次比赛是 5 公里跑，在那次比赛中她将个人最好成绩缩减了 3 分半钟。她说：

> 虽然我在这样做的时候仍然觉得很艰难，但能有这样的动机和动力已经让我感觉很惊讶了，之后的感觉就是纯粹的兴奋与喜悦了，对大多数人尤其是那些长距离跑者来说，这可能并不是一个难忘的比赛，但是每个人的起点都不一样，而这就是我的起点！

是的！动机。对那些喜欢比赛的人来说，这是一个利器。正如我们在脑部扫描中看到的那样，动机不仅仅是一种心理上的感受，而且是由大脑的许多部分协调工作的反馈循环。

一开始，大脑前半部分的很多功能区域将有所反应，促使你将“做某事”的念头与“成就”的概念联系起来，在现在的情况下，“成就”指的就是比赛。接下来，神经递质多巴胺沿着神经通路向下进入中脑和更原始的边缘系统，从而引发各种灵感，使你的大脑迫切地想要采取行动。最后，神经递质陡然上升到高度进化了的前额皮质，这里被称为大脑的执行中心，它负责决策、推理和行动。如果前额皮质亮起，就表明它赞同你的想法，此时你应该立即采取行动，不再拖延。最终的结果是：你燃起了激情。

相对于在这里描述这个过程的时间或其他任何时长，大脑点燃这些神经烟花的时间要短得多。它们可以一遍又一遍地在大脑中循环，甚至在不同阶段之间来回跳动。它们也可能会燃成灰烬，在这种情况下，任何动机感都会消失。关键是为你的动机找到一个足够有趣的目标，从而提供足够的吸引力来保持动机反馈循环的运转。

跑者告诉我，激励他们参与比赛的理由千奇百怪。正如我在第 4 章中告诉你的那样，目标往往是跑步的终极动力。我认为，比赛更是如此。对一些跑者来说，在近期内比赛是他们加速前进的唯一理由。取得个人最好成绩是很多人大清早起床跑步并在他们感到疲惫时继续向前的动力。在日历上标记的比赛是他们在非必要情况下咬紧牙关完成最后几公里的动力。与选择一个跑步同伴一样，比赛日期也是你应负的责任。一个跑者告诉我，他参加比赛的目的是向大家展示他的 T 恤衫收藏品。我不是在开玩笑！如果参加比赛是你早起的原因，为什么不呢？

对另一些人来说，比赛的灵感来源于迫使自己用健康追踪设备和应用追踪他们的步数、分钟数和公里数，他们是一些想要挖掘数据进行分析的“书呆子”。对那样的人来说，比赛提供了构建训练结构所需的素材。更重要的是，它成为衡量进步的标准。因为时钟是有限且客观的，所以它在你开始的地方和你现在所处的地方之间绘制了一条直线。你的 10 公里成绩缩短一分钟是你速度更快的无可辩驳的证明。大脑挖掘这些信息并将其直接反馈到动机循环中，从而推动你继续前进。

不过，并非所有事情都是关于个人最好成绩和探索你的极限水平。近来，你会在赛道上发现许多跑者，他们不是速度魔鬼，并且完全不在乎个人最好成绩。他们参与竞争的理由让我备感温暖，那就是慈善。

如果他们没有觉得必须以某种方式服务于大众，许多有心回馈社会的跑者就不会为了训练而走出家门。我认为把自己的事情和为别人做的事情结合起来是一种很棒的方式。

斯蒂芬·列吉欧（Stephen Liegghio）告诉我，他最棒的跑步经历是2012年在密歇根州奥克兰县的布鲁克斯路半程马拉松赛，45天前他刚将自己的一个肾脏捐献给一个陌生人。那次的成绩不是他半程马拉松的最好成绩，但他穿了一件让每个人都知道他刚刚捐赠了肾脏的衬衫。他说：

> 这是我参加的所有比赛中得到支持最多的一次，人们在比赛期间会喊我暂停一下，希望能和我合照，我觉得那天自己真的激励了很多人。

同样，米歇尔·琼斯（Michelle Jones）说她第一次为治疗而跑的比赛体验是真正令人难忘的。她骄傲地说：

> 前一年，我带着坐在婴儿车中的女儿，牵着两岁儿子的手走在赛场上，我当时还生着病，头发也因为化疗而掉光了，但是我告诉我的家人，来年我会跑着参加比赛的。我做到了。

不参赛的原因

当你作为一名跑者挤进赛场时，比赛就是你所有的感受。它可以激起你所有的想法和感受，包括从数月的训练到越过终点线的那一刻。你会更了解你自己。比如，你比自己想象中的更快，或者更强壮、更坚强、更有复原力。因为他们改变了你的自我认知，所以决定参加比赛可以把这些东西全部激发出来。有跑者告诉我当他们开始认为自己将要参加比赛的那一刻起，他们就开始构建起一种运动员的身份。

是的，比赛是众多跑者的热情所在。但是，当你的妈妈告诉你跳桥并不适合每个人的时候，她是对的。你所有朋友都在这样做，并不意味着你也必须准备参加比赛。

特别是出于社会性原因，我曾合作过的许多跑者在整个跑步生涯中都避免参加比赛。站在拥挤的起跑线上使他们惊慌失措，陌生人的加油使他们纳闷。他们更喜欢把跑步私人化，或者他们也许只是将跑步视为一种个人冥想方式。反正，赢得比赛并不是他们的目标。

你没有计划将整个假期都用来备战马拉松，这并不意味着你没有下定决心准备你的跑步项目。你可能正在努力跑得更远、更快，但至少现在你不希望对自己的训练计划做出比已有的更大的承诺。就像我们来自新泽西州的朋友一样，你可能不想把自己的时间浪费在准备比赛、在起跑线上闯出一条赛道或者在比赛后的等待上，甚至将号码布固定在 T 恤上可能看起来都太麻烦了。

没关系。你的大脑可能不是为赛跑而生，它可能永远也不会适应比赛。跑一场比赛需要注意力高度集中，而这种集中不仅是在比赛当日，而且包括训练和某种生活方式上。如果它真的不适合你，你也无能为力。

我在某些跑者身上见过这种态度，他们跑了一系列比赛，直到精神疲劳终于击垮了他们。也许他们上次的比赛表现很糟糕，所以需要停下来休息一下。这些人可能会在某个时候再次参加一些比赛，但至少现在他们需要为了这种可预见的未来休养生息。

我也知道有些初跑者可能会在某个时候出现在起跑线上，但他们其实还没有做好充足的准备。或者是因为没有积累足够的里程数而缺乏自信，或者是因为他们当时还有更重要的事情要处理。我认为，一时的冲动没有任何意义。失败乃兵家常事，不需要为此感到内疚或不满。不管你有多痛苦或多喜悦，地球都不会为你停止转动。

参加一些比赛甚至定期认真参赛是每个跑者至少都会想到的一种仪式，但是比赛并不适合所有人。如果你喜欢向别人索要为你拍摄的终点线冲刺照片时的那种快感，比赛就是一件很酷的事情。如果你因为社交问题或者焦虑问题而避开人群，这也很酷。无论哪种方式，你跑过的路程都是你的勋章。

跑者贴士

1. 为你的参赛动机找一个足够有趣的目标。
2. 参加一些比赛甚至定期认真参赛是每个跑者至少都会想到的一种仪式，但是比赛并不适合所有人。

12 当面临赛前紧张和赛后抑郁时该怎么办

假设你已经确定了比赛适合你，那么我还有更多的心理学原理想与你分享。

我发现参加比赛的大多数人都表现极佳。一旦枪声响起，只需几秒钟，他们就可以专注于比赛。有时候跑者会突然“撞墙”或遭遇其他障碍，但大多数情况下他们都会通过内视或外视来完成比赛。从心理学上讲，大部分麻烦都是在赛前和赛后发生的。

在本章中，我将解释“赛前紧张”和“赛后抑郁”的含义，然后就如何处理这些问题给出一些策略。这些策略将帮助你平缓地进入和退出比赛。

缓解赛前紧张的四大策略

假设你已经选择了一个要参加的比赛并已完成注册，你在日历上做了标注，并竭尽全力做了赛前训练。但现在，当你站在起跑线上时，你紧张到感觉自己快要晕过去了。理智告诉你，这只是一个当地举办的 5 公里赛跑，但在情绪上它就像一场奥运会决赛。

早在 1972 年，凯瑟琳·斯威策（Kathrine Switzer）就成了第一个参加波士顿马拉松赛的女性，当时马拉松仍然是只有男子参加的比赛。其实她在 1967 年就以非正式运动员的身份参加过。她参加了 40 多场马拉松，赢得过一次纽约马拉松冠军，在首场比赛结束几年后赢得过波士顿马拉松的第二名。她是我见过的最稳定的跑者，但她承认曾经她在比赛开始前非常紧张，几乎无法正常跑步。她说：

> 当发现紧张只会让我的系统瘫痪时，我明白了，这其实就是关于准时的问题。让我最紧张的事情是，我必须按时参加比赛，抵达之后进行赛前热身，同时还要留出充足的时间上厕所。

显然，一些跑者比其他人更能感受到赛前紧张，但我认为所有参赛选手在比赛前都会感到不适。这是在所难免的，比赛之前的一点焦虑感实际上可能有利于更好地表现。为了理解其中的缘由，让我们回到高一的生物课堂。

如果你听课很专心，并且记忆力很好，可能就会记得你的交感神经系统控制着你的心率、血压和血管。你之所以在发令枪响前或者在树林里意外遇到一只熊时感到高度紧张，是因为交感神经系统将肾上腺素和其他激素注入血液。当耐心等待所有赛前注意事项宣读完毕、发令枪响起时，大量“战斗或逃跑”激素让你的心跳加速、血压攀升，这让你立即感到紧张并准备采取行动。你开始奔跑，可以说这些额外的能量推动了你前进。

但是，如果你的弦绷得太紧，那就有问题了。在过度激动的状态下，你可能会在前半程用力过猛，导致后半程能量不足。另一方面，肾上腺素缺乏也会导致问题，因为在这种情况下你就缺乏前进的动力。出现此问题的跑者并不是很多，但偶尔我也会遇到因为太过放松而在发令枪响之后几乎没有反应的跑者。

赛前计划有助于在交感神经系统反应和保持冷静之间找到适当的平衡。正如你必须为比赛做好身体方面的准备一样，你也需要做好脑力准备。在此，我可以为你提供一些有效的策略。

策略 1：进行可视化训练

还记得我在第 5 章中告诉过你的关于马克·普拉特杰斯在 1993 年的世界锦标赛中跑出的令人惊叹的马拉松比赛吗？普拉特杰斯是运用可视化手段的高手。在他真正参加比赛前，就曾经设想过赛场上所有可能发生的情况，他知道赛场上的每一个弯道、路面上的每一条裂缝、路边树上的每一片叶子。普拉特杰斯能够通过心理图像引导他的神经线路。即使只是在脑海中预演，他对比赛的熟悉都对他的赛前放松起到了更重要的作用。我相信他赛前肯定也会感到紧张，但他能够通过了解自己在比赛中的每一步计划来控制这种紧张感。

一些跑者可以从过去的实践体验中受益。回想你的最佳赛跑经历或最棒的一次跑步训练，然后用过去成功的感觉来拥抱现在。跑者伯特·罗德里格斯（Bert Rodriguez）说，他总是用过去的事情来帮助他完成此刻的比赛。

“每当我感觉疲倦时，都会提醒自己，我曾经绕着中央公园跑了 4 圈，这有助于我厘清头绪。如果我能围绕着中央公园跑 4 圈，那我就应该可以轻松地跑完面前的这几公里。”他还补充道，只要你学会相信自己的训练，就会开始相信你可以做到。

这个故事的寓意是：你应该关注自己可以控制的事情，并尽量减少关注你无法掌控的事情。对于像天气、拥挤的赛场或补水站缺乏等客观条件，你无能为力。你只能控制你自己的反应。如果你已经做好了准备，并且已经完成了脑力和体力的必修课，那就不用担心了。斯威策说，虽然她在比赛前很紧张，但她从不担心自己的训练是否已经达标。因为这样的担心没有任何意义，已经于事无补了。她的理念是，当你走到起跑线上的时候，你已经尽了自己最大的努力了，接下来要做的就是全力以赴好好比赛，争取赢得胜利。

策略 2：积极地自我对话

另一个有助于减少紧张不安的策略是积极地自我对话。当你遇到一个非常糟糕的情况时，意味着恐惧来临了。恐惧会打乱你的节奏，让你怀疑自己的策略，并会侵扰你的能量管理意识。这时，你就开始犯错了。怀疑开启了失败的大门，而事后的自我批评对任何人都没有任何益处。

你的目标应该是通过思考积极向上的想法来管理你的焦虑。尝试编出一些你可以轻松记住并向自己重复的简单祷文。跑者乔纳森·拉贝尔（Jonathan Labell）说，他喜欢为自己创造一些积极的陈述，比如：“我很强壮，我很快，我会保持这样的速度。”

“这些陈述说起来朗朗上口，很押韵，而且和你的步伐节奏很合拍。”他告诉我。

同样有用的是将带有潜在负面影响的祷文转化为正面的语句。与其告诉自己“我的四肢正在折磨我”，不如说“痛苦是多么美好”或“这只是暂时的”。

我建议你阅读第 4 章中关于目标设定的所有信息，你可以考虑设定一系列我喜欢称之为最佳的、令人满意的和不错的目标。你的最佳目标可能是在整个比赛中冲击最佳配速，令人满意的目标可能是在你的最后一公里和倒数第二公里之间进行加速，你的不错的目标可能就是在当天尽可能快地完成比赛。如果你将自己的愿望适当打折，那么无论结果如何，你都会对自己的比赛成就感到满意。

拉贝尔很看重这种积极心理学，他告诉我他将这些鼓舞士气的句子写在他的胳膊内侧或者鞋子侧边。如果你不想弄脏你的身体或物品，可以将它写在纸上，放在比赛服的背面或口袋中。

策略 3：不要想太多

配速、步伐和赛道特征这些东西可能会把你逼疯。其实只要整装待发，在当天尽最大努力就行了。出于同样的原因，你也需要避免让焦虑摧毁你的身体。比赛前一周左右，请注意不要过度训练，避免因过度焦虑而导致暴饮暴食。不要因为过度热身而消耗太多体力。

策略 4：忠于你的仪式

最后一个可能会帮助你在比赛日保持冷静的方法是：忠于你的仪式。这就是我们在第 8 章中谈到的幸运内衣。如果有，请穿上它。只要这种迷信的思维不失控，就可以成为所有人最好的安抚策略。

摆脱赛后抑郁的四大振作策略

一旦比赛结束，你也已经向世人展示了你的胜利，接下来就可能会感到有点迷茫。在经历过如此长期的训练、思考和规划后，你还有什么值得去期待呢?

我认识一个参加铁人三项运动的跑者，她很早就决定为参赛而训练。如果你不熟悉这个项目，我可以在此做一解释，这项铁人三项比赛由 7.5 公里游泳、354 公里骑行和 84.3 公里的长跑组成。

这些距离并不如你想象中的那样简单。你必须非常努力地训练才能完成比赛，而且她扎扎实实地完成了所有的训练。她拼命地训练了一年多，跑完步后就游泳，游泳完了接着骑自行车，周而复始。一个典型的周末训练计划包括周六跑一个马拉松，周日完成一个大铁（她的目标赛事的一半距离）。训练几乎占用了她所有的时间和精力，更不用说她每天仅有的那点空闲时间。

终于，比赛日到来了。她奋起迎接挑战，在大约 28 小时内完成了比赛，并且在女子中排名第七，总体排名第三十。多么了不起的成绩啊!

然而，在接下来的 7 年间，她再没跑过。

你可以说这个跑者（她不愿透露姓名）是一个非常极端的人，这可能是事实，但还有一个事实是，在她为之献身的事件圆满结束之后，她遭受了严重的赛后抑郁。

她分析后得出结论，她不再有训练的理由。她不考虑再参加铁人三项比赛，而且她认为其他较容易的项目也不值得她为此付出。她确实考虑过参加 3 倍大铁距离的比赛，但最终觉得有点力不从心。她花了 7 年的时间才开始重新思考，觉得短距离比赛可能是一种不同类型的挑战，因为挑战的是她的跑步速度而不是距离。当她重新开始训练时，她将她曾经擅长的长距离慢跑换成了更加挑战速度的短跑项目。

如果越过终点是你的目标，那么达成目标时会带来一种令人惊叹的感觉，但这种感觉往往伴随着一些严重的失落感。完成双倍大铁或者需要严格训练的其他距离后，你会提出这样一个问题：我现在的训练目的是什么？

这些感觉可能会让你感到惊讶，当然，它们不是跑者所特有的。每项运动的各种水平的运动员在重要赛事之后都会有相同的感受。无论结局是胜利、失败还是平局，政治家、学生、外科医生、律师以及任何有成就导向的人，在完成主要目标后都容易感到迷茫。完成像比赛这样重要的事情后，大家都会反思自己的成就，所以产生赛后抑郁是完全正常的。以前你的生活被训练塞得满满当当，而现在你必须在逻辑和情感上填补空白。斯威策说，当她拥有高竞技水平，但每年只参加两场马拉松赛时，她的所有注意力都集中在比赛上，所以比赛结束大约 5 天内，她都会变得非常忧郁。她说：

> 这是因为我把全部的注意力都集中在此事上，我的体力严重透支，而且几乎已经消耗殆尽了，整个身体的化学反应都发生了变化。更重要的是，到那时，比赛中分泌的内啡肽引发的快感全部消失了，仿佛发生了一场车祸！

就像你可以在比赛前做些事情来平息你的紧张一样，你也可以采取一些措施来摆脱赛后抑郁。

策略 1：享受休息机会

斯威策说，一旦比赛结束，你就需要做一些其他可以给你带来乐趣和成就感的事情。这是非常实用的建议。

在比赛之前，你脑中的弦一直绷得很紧，所以比赛结束时很难快速切换这种状态，但休整一段时间正是你应该做的事情。我知道许多跑者在比赛结束后会因为多睡了一会儿而感到内疚，但休养与恢复正是你此时所需要的。即使你将来还有更远大的计划，但那些你为了实现目标而忽略的人生大事也值得你花一点时间来关注，那并不会妨碍你进步。

所以，在几个清晨关掉闹钟，和朋友出去放松一下，利用休假的机会把要读的书补上吧。在你再次上路之前，请充满电。无论如何，身体上的酸痛很可能会让你至少在几天内无法做任何有意义的锻炼。

虽然这样说，但你不会希望将这放松的时间延长为 7 年之久。与精心计划你的大赛一样，你也应该关注赛后训练。这并不是说在比赛结束后立马进行间歇和速度训练，你只是需要一个继续下去的计划。不要长时间搁置你的跑鞋，就算是单纯跑跑步，也要让它们出来透透气。我告诉过很多跑者，赛后计划有助于改善赛后抑郁的问题。在比赛之前，生活是高度结构化的；比赛结束后，结构突然消失。就算不是为了跑步，有计划地开展各项活动也是至关重要的。重新建立受到忽视的关系，与亲友一起做些事情，写下你的经历，并开始研究你的下一场比赛。

此外，如果你已经停止跑步，而以前又一直受益于让人感觉良好的大脑化学物质，此时那些化学物质也可能会发生变化，结果就是，你可能会变得更加抑郁。如果赛后抑郁不肯离你而去，原因可能是身体受伤，比赛成绩下滑，或者因训练、旅行和耽误工作而背负债务，此时就需求助于那些了解跑步对心理和社交的作用的专业人士。

策略 2：反思

请务必花点时间反思你的比赛表现。反思你已经做得够好的以及还可以做得更好的地方。即使你对自己的表现不那么满意，也不要自我可怜。想想这一次哪一点做得比较好，下次可以在哪方面做得更好。就算这次失败了，也值得认真分析一下事情为什么会走到这一步。通过这样做，你可以为下次克服焦虑以便更好地站在起跑线上积累经验。现在，你已经有了一些过去的经验可以重温，有了一些养分可以用来滋补积极的想法或更好的计划。

不要让别人加重你的失落感，尤其是当你早已感到失落之时。如果有人问你比赛成绩，就告诉他们你完成了比赛，而且感觉非常棒。如果你没有完赛，就告诉他们你对自己的努力感到满意。不要沉迷于对比，这会让你觉得自己永远不如别人。你敢于尝试的勇气是最令人惊艳的。

策略 3：设定新的目标

暂缓之后，请考虑再次踩下加速踏板。除非你已精疲力竭，并决定暂时或者永远不再参加比赛，否则请选择一个新的目标，献身于新事物。如果你感到厌倦或心力交瘁，可以考虑将你的目光放在不同的距离或新的赛程上，甚至可以考虑不同的运动。没有什么东西会比一个新计划更能激起你对这条道路的热爱，换一个全新的视角永远不会是一个坏主意。

策略 4：感恩

你要学会感恩。在每一个伟大的目标背后都有一个全力支持它的团队：在你黎明训练开始前为你做早餐的妻子，为了让你能早些回归锻炼而放缓自己训练的队友，为你画激励海报的那个孩子……没有什么能比意识到你的身后有一群为你加油打气的人，更能帮助你摆脱赛后抑郁了。

一定程度的赛前紧张是正常的，甚至是有利的。但是，如果你让它们过度发展，可能就会对你的表现造成负面影响。既然控制情绪就可以很好地解决问题，那么我们为什么还要费尽心力来应对悲伤呢？请使用我在本章中建议的策略来保持冷静，并在比赛之前、之中和之后都将它们铭记于心。

跑者贴士

1. 缓解赛前紧张的四大策略：

（1）进行可视化训练；

（2）积极地自我对话；

（3）不要想太多；

（4）忠于你的仪式。

2. 摆脱赛后抑郁的四大振作策略：

（1）享受休息机会；

（2）反思；

（3）设定新的目标；

（4）感恩。

13 如何应对世界上最难跑的四大赛事

有时候比赛只是比赛。但有时关于赛场的民间传说却广为流传，几乎像神话故事一样被人追捧。当比赛的细节用各国语言打印出来时，每个跑者都会全神贯注地阅读它，那些想要接受挑战的跑者会向有实战经验的跑者提出无数个问题。即使你与赛场有千里之隔，仍然可以了解那些关于路线、历史以及多年来传下来的赛场故事的细节。

我在本章中详述的 4 场比赛都取得了这样的标志性地位，它们是许多跑者梦寐以求参加的有史以来最伟大的赛事。

如果你想成为这些万众瞩目的盛会中的一员，我在此祝你好运。好好训练，把你的时间花在跑道上和公路上，进行力量训练，拉伸你的腿筋，同时不要忘记训练你的大脑。神话和民间传说就像篝火旁的鬼故事，会引起恐惧，但现在你已经知道了脑力准备与体力准备一样重要。

为了帮助你的大脑在这些比赛中取得成功，我已经和那些对其了如指掌的人进行了沟通。在本章中，他们作为内部人员分享了自己的观点，他们会在思维层面为你提供最佳策略，让你获得最佳比赛优势。他们给出的经验真正令人敬畏之处在于，它既有针对性，又不限于特定的比赛，所以几乎适用于所有比赛或训练。

所以请仔细阅读，吸收这些知识，因为它将为你跑出最佳成绩提供脑力优势，无论是你梦寐以求的盛会，还是具有类似性质的本地公路赛，或者其他介于两者之间的比赛。知道我在本书中给出的策略已经在现实中得到实际运用，这非常棒。如果有机会，你也可以向与我交谈过的专业人士咨询。

标志性 5 公里比赛：卡尔斯巴德 5000

卡尔斯巴德 5000（Carlsbad 5000）被称为“世界上最快的 5 公里”，面向所有年龄段和竞技水平的跑者。在这里，男女分开比赛，然后按年龄组划分，步行者和轮椅竞争者分开比赛。

有着一头乌黑长发的格雷丝·帕迪利亚（Grace Padilla）是它的常客。她的美貌足以让她登上杂志封面，事实上，她的确登上过杂志封面。但请不要误会：帕迪利亚一贯是卡尔斯巴德比赛的有力竞争者。现在，她成了一名大师级跑者，她在 20 多岁时赢得了一次冠军，并且在参加的 8 次比赛中都名列前茅。

帕迪利亚说，虽然赛道比较平坦，跑起来比较快，但提前充分了解它是非常有价值的，这样它就不会给你带来任何意料之外的事情了。例如，要小心提防第三公里的上下坡。如果你不小心，就会吃亏。另外，和任何5公里比赛一样，帕迪利亚说，要想跑得愉快，你必须调整自己的思维，所以她会用另一种方式与自己交谈。

“对于像马拉松这样长距离的比赛来说，耐力是关键，”她说，“但对于5公里比赛来说，速度才是制胜的法宝。”

5公里的独特挑战在于：将它视为长跑，它太短了，但将它视为短跑，它又太长了。你必须建立对高强度运动的容忍度，因为不论你受过多么好的训练，都会对这种强度感到不舒服。不要等到比赛当天才想着要为这样的任务做好脑力准备。当你需要调整自己的思维以适应赛道的要求时，接受像卡尔斯巴德5000这样独具一格的赛道会给你很大的脑力回旋空间。

帕迪利亚表示，在为参加卡尔斯巴德5000而训练时，她经常在训练前觉得没有安全感。她的自我怀疑在大部分情况下都可能来自她对跑步的消极预测。她无法思考自己将要为完成跑步而付出怎样的艰辛和痛苦，但是只要想到自己的目标，她的消极想法就会改变。

“然后，我开始热身，并告诉自己慢慢来，”她说，“我为自己所具备的能力而惊喜，我花了足够多的时间来建立对训练的信心，并且在比赛当天将其转化为自信的思维。如果你已经征服了两三公里的快跑，就会相信你变得更加勇敢了。”现在，这也是你将要告诉自己的关于棘手赛道的故事。

掌握节奏的艺术也是5公里比赛必不可少的技能。帕迪利亚说，那些失去情绪控制和过度兴奋的跑者一开始就疾速飞奔，但跑了不到两公里就精疲力竭了。但是如果你花时间在训练中学习比赛节奏的情绪感受，你甚至不需要看你的分段成绩就可以知道自己的配速。

至于比赛本身，帕迪利亚提供了一些业内人士的技巧。

首先，这一切都可以归结为专注。如果你能在不适感和节奏之间找到那个最有效的平衡点，就将有更好的机会进入我们在第 7 章讨论过的心流状态。然后，任何痛苦都会消失，并且这场比赛看起来就像一瞬间就结束了。

其次，不要让其他选手分散你的注意力。忠于你的比赛计划在卡尔斯巴德或任何其他 5 公里比赛中都非常重要，因为这类比赛距离相对较短，所以你没有很大的余地来纠正自己的错误。如果一开始的激动情绪让你的配速超过预期，你就会在前半程崩溃，在情绪和身体方面都会过于疲劳，这会让你在后半程的比赛中以及关于如何应对这些错误上犯更多的认知错误。

帕迪利亚喜欢与另一名跑者同步步频，或者会在赛道中间跑，因为与内侧和外侧相比，这通常是到达终点线的最短距离。从脑力上来说，大多数跑者认为从后面反超似乎比保持领先的地位更容易。

标志性爬坡赛：华盛顿山公路越野赛

每年 6 月的第三个星期六，超过 1 100 名跑者聚集在新罕布什尔州华盛顿山的脚下，跑上 12.2 公里的“云端”。该路线只有一座山，“一战到底”在这里具有全新的意义。

从山脚到山顶，该路程沿华盛顿山的汽车道而上，海拔攀升 1 400 米，平均坡度为 12%。想一想当你把跑步机的坡度设置成 12% 时，感觉如何。现在想象一下，在不休息的情况下，沿着那个坡度连续跑两小时会如何。

如果再加上大雾，或者 64 公里 / 小时的大风、21 摄氏度的太阳照射或者高达 30 度的温差，这就是你正在征服的华盛顿山。

“这场比赛从你踏出的第一步开始就会给你‘惊喜’，”赛事官方发言人约翰·斯蒂夫勒（John Stifler）解释说，“你需要一直往上攀登，从这个意义上说，它和任何地方的任何一场比赛一样艰难。”

当然，打赢华盛顿山爬坡战的关键在于体能训练。但斯蒂夫勒说在很多方面，这其实就是一个脑力挑战：如果你解决它的方式不正确，相对于你因拉伤腘绳肌而败北，你更可能会因为精神崩溃而终止比赛。

斯蒂夫勒无疑给了你关于这场比赛的内线消息。1989 年以来，他一直以各种方式参与赛事的运营、策划和管理。如果只有一个人知道如何征服这一赛道，那就是斯蒂夫勒，有些他告诉你的真相甚至是与直觉相悖的。

“许多人第一次登峰时表现很好，因为他们感到敬畏。他们会不断听到有关这场比赛的恐怖故事，因此倾向于更加保守小心。从某种意义上说，对未知的恐惧可以很好地为跑者服务。”他说。

第一次冷静参赛的跑者有时会在他们再次参赛时惹上麻烦。他们比以前更加努力地训练，认为自己将会挑战自己的极限，并争取更快的完赛时间。但是他们往往会做得更糟糕，因为他们在比赛的上半场耗费了太多体能，导致下半场无燃料可供冲刺。

根据斯蒂夫勒的说法，与他交谈过的跑者没有一个希望自己的出发速度更快一点，包括奥运会马拉松金牌选手琼·贝努瓦·塞缪尔森和三届华盛顿山公路越野赛冠军得主埃里克·布莱克（Eric Blake）。塞缪尔森告诉我这是她跑过的最艰难的比赛之一，她可是奥运会金牌得主！即使是像塞缪尔森这样经验丰富的跑步运动员，也因第一英里看上去不长，起跑时有一小段下坡路，所以误认为是安全的。

这个比赛的最佳完赛方式是什么？斯蒂夫勒建议，坚信来自你大脑而不是直觉的理性策略。“在比赛开始前制订详细的计划，不要偏离它。”他说。而且，他提出了一个他认为应该对我们有所帮助的方案。

首先，将你的常规配速抛诸脑后。现在，将你的半程马拉松平均成绩除以 7.6，这应该是你比赛时每英里的平均用时。

由于许多跑者没有意识到里程标记是固定的道路标志，而不是精确测量的距离，所以有些人不知道第一英里比实际距离短，因为它是从停车场的末端而不是从起跑线开始测量的。所以斯蒂夫勒说，预计第一英里是你平均整体比赛配速的 90% 左右。此外，每英里的配速前半程最好平均比后半程快一分钟。

斯蒂夫勒说，如果你从来没有参加过这个比赛，那就要为永无止境的攀爬做好脑力准备。“这与你过去想象中的其他山坡跑完全不一样，你不可以说‘登上下一个山顶之后，我要好好休息一下’，”他说，“在这里，没有下一个山顶可供你休息，你只能不断向上攀爬。”

斯蒂夫勒还警告说，在后半程的某个时刻，你可能会陷入巨大的痛苦之中，并且会有退赛的想法。这是可以理解的，但你必须保持大脑和身体的同步，考虑使用一些可视化技术来完成枯燥的赛程。正如你在第 5 章学到的，想象这场奔跑是为自己的正式比赛所做的一次带妆彩排。

“记住那些你在其他比赛中产生同样感觉的时刻，这有助于你意识到跑步就像分娩一样，是一种‘你会忘记的痛苦’。”斯蒂夫勒说。

为了克服这种痛苦，斯蒂夫勒建议，无论你现在跑得多慢，都要为自己在持续前进而加油打气。“告诉自己，如果你能够像现在这样一直保持前进而不是倒退，就可以坚持到最后。如果你能专注于这个想法，那就可以做到，”斯蒂夫勒说，“当它结束时，你会说：‘我很高兴我做到了。’”

斯蒂夫勒认为，一般来讲分心和分离策略（就像我在第 6 章中概述的那样）也可以很好地为你服务。想一想那些能让你转移痛苦而不是让痛苦碾压你的想法。

至于在一些比赛中步行，斯蒂夫勒说，这里面蕴含着两种观点。一派认为步行是可以的，因为它可以帮助你聚集自己的力量，而且你的步行配速可能与你的跑步配速一样快。另一派认为，每次你转换为步行时，在心理上为自己鼓劲就会变得更加困难。如果你确定步行适合你，那么斯蒂夫勒建议你做好步行计划，无论是开始步行的时刻还是步行的距离。如果你提前为步行做好了计划，就不会因为自己放慢了速度而感到受挫。这样，你就可以通过坚持实行自己原定的计划而对目标的实现充满信心。

斯蒂夫勒说，一旦你有了圆满完成一次比赛的经验，就可以在其他艰难的比赛时刻援引此类经验助你渡过难关。“一旦你成功征服了华盛顿山，就再也不会害怕其他坡道了，”他说，“这就像在跑步比赛中夺得了黑带一样。”

标志性半程马拉松赛和山地赛：派克斯峰攀山赛

派克斯峰攀山赛（21.4 公里）和派克斯峰马拉松赛主席兼赛事总监罗恩·伊尔根（Ron Illgen）总是喜欢说，这两项比赛的起步阶段会让你感觉很平稳，就像在美国任何一个城镇的一条街上跑步一样。

然后，你在第一英里的尽头左转。“如果你先前认为这次比赛将如同在公园散步一样轻松，那么此刻这些幻想都会消失殆尽。”他有点轻描淡写地说道。

只要你转弯，你的脚立即开始指向上方，并会在接下来的 16 公里内保持这种状态。当你最终到达海拔 3 350 米的树带界线时，会认识到此时你所处的高度连树木都无法生长。但是，此处距离你登顶仍然还有 5 公里的实际距离和 610 米的垂直高度等待你去征服。

但往往祸不单行，此处极有可能会开始下雪，从山脚到山顶可能会有 30 度的温差。一路上，突出的石块和树根随时会让你摔倒、受伤，并暂时麻痹你充血的水疱带来的疼痛感。正如伊尔根所描述的那样，当你登上派克斯峰时，你的腿、肺、心脏和心理都会被磨损消耗到虚无状态。听起来很有趣，不是吗？

如果你参加的是派克斯峰登山赛，那么一旦你登上山顶，比赛就算完成了。你可以领取奖章，乘坐巴士回到基地，并开始护理你备受折磨的身体，直至它恢复健康。对于那些想要挑战马拉松距离的人，峰顶只是中途点，在那里你会原路折返，接下来是超过 21 公里的下坡路。

至此，你还想参加这场比赛或类似的比赛吗？伊尔根说，只要你做足了功课，并且非常尊重比赛，那么你不但会完赛，而且可能会有优秀的表现。他的许多建议同样适用于你攀登华盛顿山：良好的脑力和体能训练，对赛道有深入的了解，并调整你的认知期望。

伊尔根说，赛事官方对赛程的描述非常详细，好好研究一下。知识不仅是力量，在这种情况下，它也是安全的保障，也可能是能否完成目标的关键。绝对不要盲目参赛。事实上，如果可能的话，伊尔根建议参赛者提前一周左右去一趟山顶，徒步部分路线并熟悉地形。踏上任意一段赛道都可能会有益于你的可视化练习，并让你有机会为显而易见的难题想出一些祷文。这也有助于减少你可能会感到的任何赛前紧张。

伊尔根补充说，跑者可以准备的最重要的思维策略是，专注于路标而不是配速或整场比赛。“山峰虽然很漂亮，但绝对不要往上看，”伊尔根警告道，“如果你将攀登山峰的任务看作一项宏图伟业，很可能会感到气馁。”

我建议使用第 4 章概述的一些目标设定技术，将完成比赛的主要目标分解为一系列较小的目标。面对如此大规模的爬坡和变化多样的地形，你可以将跑完每一公里都视为自己的一个小目标。此外，还可以制订一个最快和最慢配速，它们之间的完赛结果可以相差 20~30 分钟。另外，在一次跑步中取得多项成就比在最后只取得一项成就更有趣。波士顿马拉松冠军和奥运会选手梅布·科弗雷兹基有一套完整的跑步哲学。在《梅布的马拉松入门教程》一书中，他写道：“在一场比赛中，你应该有几个不同的目标，你的目标清单应该从你的最终目标开始，从上至下向几个值得你奋斗的潜在结果延伸。”

在某种程度上，你几乎肯定会被迫进入“丧尸模式”。超长的距离、颠簸的赛道和升高的海拔，它们的结合意味着超过 95% 的竞争者即使不是在大部分时间，也会在某些时候选择步行。此处，伊尔根关于步行的建议与斯蒂夫勒对攀登华盛顿山的建议不同，他说感到疲倦并不丢脸。

他直接建议“尽可能跑，实在跑不动了就步行”。

对于那些跑马拉松距离的跑者，当你到达山顶时，最难的部分还没有到来。伊尔根说，人们对于派克斯峰马拉松犯的最大错误是低估了下坡的难度。

下坡跑会考验你的双腿，影响你的大脑。因为它让你的肌肉，特别是你的股四头肌长期处于紧张状态，长时间的下坡跑可能会让人痛苦不堪。

你甚至可能在跑步过程中感到通常只会在赛后出现的疼痛。如果你过度专注于疼痛，就不会恰当地抬脚。当你的双脚不能很好地移动时，就会增加你在路上被岩石和树根绊倒的风险。伊尔根说，每年的比赛中都会有跑者骨折和受撕裂伤，尤其是在下坡的过程中。

由于你可以为身体方面做的赛前准备很有限，所以你必须尽最大努力做好心理和情绪方面的准备。伊尔根说，与他交谈过的许多参赛者似乎在分离策略上都做得非常好。因为你的大腿前部不适感太强了，所以要求你的大脑连接疼痛并接受它可能太难了。如果他们能够把注意力从身体上转开，并专注于其他事情，大多数人似乎就都能容忍这种痛苦了。

标志性马拉松：波士顿马拉松赛

波士顿马拉松赛是马拉松中的棒球世界系列赛、超级碗和肯塔基赛马会。与美国乃至全世界所有距离的比赛相比，波士顿马拉松都是殿堂级赛事。对世界各地的马拉松跑者来说，这就是圣杯，他们都希望在跑步生涯的某个时刻能够参与其中。

13 年来，我有幸成为波士顿马拉松赛官方医疗队的心理医生。每年有多达 36 000 名跑者参加比赛，包括我在内的医疗队成员在医疗帐篷中忙碌不已。当你听说有关波士顿马拉松的参赛计划时，你会听到赛事总监戴夫·麦吉利夫雷（Dave McGillivray）的名字一遍又一遍地出现。

麦吉利夫雷不仅是波士顿马拉松赛的赛事总监，而且连续 41 年参赛。他当了 15 年的官方参赛者，成为总监后，他在大多数跑者完成比赛几个小时后一个人开始从起跑线处奔跑。有时，他会选择在比赛当天的午夜开始跑，他现在总是最后一名完赛的跑者。

麦吉利夫雷地道的大波口音为他提供的有关波士顿马拉松赛的所有建议增加了真实性。他迫不及待地想为大家提供一些非常有用的建议。

“波士顿马拉松赛有三大挑战和痛苦，”他说，“生理、心理和情绪。”

麦吉利夫雷认为，在过去，马拉松运动员主要关注的是比赛的生理和心理方面，他们会努力训练、认真比赛。而且他们知道自己终将会越过终点线，区别只在于他们跑得有多快以及会击败多少人。麦吉利夫雷指出，今天参加马拉松的人数比以往任何时候都多。威胁恐慌的墙壁正在倒塌，这很大程度上是因为像“防治乳癌慈善竞跑”（Race for the Cure）和“团队训练”（Team in Training）这样的慈善组织也加入了跑步大军。现在许多跑者为了更高尚的使命而跑步，为他们选择的慈善机构募集资金。

这就是情绪部分出现的地方。

“我认为现在很多人都对帮助他们渡过难关的比赛和训练有着深刻的情感连接，”麦吉利夫雷说，“他们在训练过程中可能会感觉非常糟糕，想要临阵脱逃，但想起自己为之奔跑的个人或事业，他们的肾上腺素开始激增并发挥作用，这样他们就能继续跑下去了。”

毫无疑问，情绪可能是一个强大的驱动力。第 4 章中，我给出的目标设定系统中的第一个方法是“在直觉中感受你的目标”。致力于实现你热爱的事情有助于你在更深层次上与目标契合，而且还有什么能比你真正信仰的事情更能拨动你的心弦呢？

麦吉利夫雷也认为，在跑波士顿（或任何）马拉松时，体力与脑力强度正好成反比。换句话说，你在刚出发时，感觉体能充沛，但对未来没有充分的把握；随着比赛的进行，你的体能会减弱，但你的信心会增强。为什么会出现这种情况呢？因为即使乳酸在你的肌肉中累积，随着里程的增加，你也会越来越接近终点线。你越接近终点线，就越确信自己会真正完赛。

大多数人认为第 34 或 35 公里将是比赛中最艰难的一段距离。麦吉利夫雷说，事实并非如此。有趣的是，对大多数他认识的跑者来说，最难的是在 16 公里左右：“在这一点上，你已经跑了很长的路，但是你前面的距离仍然远远超过你身后的距离，这对很多人来说是一个艰难的心理挑战。”

尽管许多跑者害怕在最后几公里的时候撞墙，但如果你训练得当，这种情况就不太可能发生。麦吉利夫雷说，其实，比赛在此时应该对许多跑者来说变得更加轻松了，因为你只剩下几公里了。即使你不得不停下来走完剩余的路程，也仍然可以顺利抵达终点线。在心理上，这会使你感觉成功唾手可得。所以，如果你能够在比赛中倒数而不是正数里程数，可能就会在身体上感到疲惫，但心理上更加坚强。以防万一，请翻到第 14 章阅读如何突破墙壁期。

最后，关于“臭名昭著”的心碎坡，麦吉利夫雷不太确定这些想法是否过于夸张了。他说它其实与其他比赛中的坡道没什么区别。然而，鉴于在历史和传统中，征服这段坡道非常艰难，以下是麦吉利夫雷所说的可能会发生的事情：

> 心碎坡是 4 段坡道中的第 4 段。第一个是从 25.7 公里处开始并穿过 128 号公路的坡道。虽然它并不陡峭，但似乎绵延不绝。有些人认为那就是心碎坡。一旦你在 28 公里处的消防站转弯，就会遭遇第二段坡道。不熟悉路线的人可能会好奇：这又是什么？我已经跑完了心碎坡啊！
>
> 然后，再继续跑上 1.6 公里，你又遭遇了另一段坡道。你爬过去，并坚信这一定就是心碎坡了。但是，到 32 公里处时，你会恍然大悟，原来这才是名副其实的心碎坡。

> 我认为那才是真正让你心碎的理由。你三番两次地认为自己早已经爬过了心碎坡，然而当货真价实的心碎坡摆在面前时真的是够你心碎的。这就像是土拨鼠之日。

麦吉利夫雷说，抚慰心碎的最佳思维策略是你早就听过的东西：了解赛道！另外，放松一下。如果你已经完成了必修的功课，那么攀爬心碎坡就会相对容易很多。事实上，很多人在完成比赛后都会问他心碎坡到底在哪里。他认为导致人们问这个问题的原因之一就是观众的支持。他说：

> 心碎坡几乎像被掩埋了一样，你当然会看到坡道，但它看起来并不像是无人居住的阴森之地，而你所做的只是盯着这条陡峭的山坡。你四处张望，但满眼都是人群，他们分散了你的注意力，导致你不会专注于攀爬。

所以现在你有了一些最具标志性的公路赛的比赛策略。不难看出，它们应用到其他赛事上也会有良好的效果。你有没有因受这些优秀跑者的激励，而想着尝试征服这些比赛呢？现在你已经了解了如何接近它们，它们也正在等待你的大驾光临。让我们在起跑线上再次聚首吧！

1. 对于5公里比赛来说，你需要保持专注，不要让其他选手分散你的注意力。
2. 面对爬坡赛，利用分心和分离策略，想一想那些能让你转移痛苦而不是让痛苦碾压你的想法。
3. 对山地赛而言，专注于路标而不是配速或整场比赛很重要。
4. 应对波马心碎坡的最佳心理策略：了解赛道！

14 遇到撞墙期该怎么办

得克萨斯州人史蒂夫·克罗斯兰（Steve Grossland）可以隐约回想起他的第一次马拉松参赛经历。他对比赛前半程中发生的所有事情都有相当清晰的记忆，但是在 37 公里的时候，他突然脑中一片空白，失去了知觉。他说，从那刻开始，一切都“模糊不清”。他的朋友们告诉他，他在大约 40 公里处停了下来，他全身发冷，紧急救护人员赶紧过来对他进行了急救。

“我停下脚步，步态蹒跚……开始回答急救人员的问题：‘你叫什么名字？’‘你来自哪个城市？’‘你认为自己正处在哪一公里？’所有这些问题的答案我都很清楚，但没有他人的帮助，我根本无法站立。”

克罗斯兰虚弱无力、方向感错乱，他被抬到多功能车上送往医疗帐篷。输完一两袋生理盐水，大约一个小时后，他感觉好多了。不幸的是，他最终没能到达终点。

在跑步的专业术语中，我们将发生在克罗斯兰身上的事情称为撞墙。这是让跑者进入医疗帐篷的最可怕的疲劳感。它如此极端，以至于你感觉自己的心脏像被压碎了一样，你的肌肉失去控制，每走一步都是意志的胜利。你的双腿像混凝土柱，并且你开始怀疑自己永远完不了赛。自行车手称它为撞车，英国人有时称之为“饥饿的敲门声”。无论如何，这是一个非常糟糕的经历。

大多数马拉松运动员反映，他们通常会在26~38公里之间的某个地方撞墙，但有些人告诉我如果他们感觉很糟糕，就会在很早的时候遇上撞墙期。说来有趣，估计大约有一半的非精英跑者在他们比赛生涯的某个时刻都会撞墙。我从未见过任何一项研究可以证实这一统计数据，但与医疗帐篷内外的跑者的交谈让这一数据显得很合理，特别是现在越来越多对自己的身体和赛道知之甚少的业余跑者开始参加长距离比赛。

尽管我希望这不是事实，但即使是精英跑者也无法幸免于撞墙，包括奥运会选手梅布·科弗雷兹基。他谈到了几次曾经参加大型马拉松比赛过程中耗尽体能的经历。在这种情况下，这位世界级马拉松运动员在大约10分钟内跑完了特别糟糕的一英里，而他在2014年波士顿马拉松赛中曾将每英里的平均耗时控制在5分钟以内！

“如果我出血了或者摔倒了，显然就会停下来，因为我需要医疗救助，”他谈到了自己的一些体验，“但是我只是感觉精疲力竭，所以你可以说，一切都结束了，我无法去任何地方。”

如果你曾经有过撞墙的经历，就不必问为什么将它称为撞墙。当它的确发生时，你会感觉自己撞到了墙上。我的意思就是字面上的意思。

曾与我交谈过的跑者也描述过这种情况，他们说就好像跑步时试图背着大象、将铁铸盆绑在腿上或将湿水泥粘到腰部一样。正如爱尔兰马拉松跑者戴维·费舍尔（David Fisher）在一次关键比赛中感到的那样："用疲劳感来描述它并不准确，它也并不是痛苦感，你需要用其他方式来描述它，就像水蛭吸收了你所有的能量，你的肌肉变成了橡皮并想要收缩。"

马拉松运动员贝丝·布德尼克·登比（Beth Budnick Dembny）谈到她的撞墙经历，她在 34 或 35 公里后开始放慢配速，"在 37 公里时希望自己死掉算了，放弃的想法在我的脑海中浮现，此前长达 18 周的训练以及不错过任何一次跑步的做法让我备感心碎，我觉得自己的准备还远远不够。我腿上的疼痛是可怕的，以至于此刻继续前进完全不可能了"。

尤卡斯塔·施耐德（Yokasta Schneider）描述了自己在 35 公里时的感受："我的指尖和脚趾在刺痛，我开始哭泣，感觉自己已经穷途末路，并做好了放弃的准备，我不在乎刚才已经跑了 35 公里的事实。"

好的，现在你已经对撞墙有了一个最基本的了解了。撞墙是一种多方面的体验，它是比赛杀手，令人沮丧、备感痛苦。但是，造成撞墙的原因是什么呢？有什么办法可以避免它吗？一旦你遭遇这种经历，有什么方法可以突破它呢？你的大脑在这一过程中扮演了什么角色？

储存足够的燃料

多年来，普遍的观点是，撞墙是一种纯粹的生理现象，正如运动科学家所描述的那样，是"硬件限制"的结果。从理论上来说，那种压倒性的疲劳感和腿部沉重感是肌肉衰竭的结果，肌肉和肝脏已经从它们的储存中拧出每一滴糖原，而它是身体的首选燃料来源。没有足够的燃料储存，你将被迫进行生存洗牌。

你的肌肉中储存了大约能维持 90 分钟高强度运动的糖原。当糖原耗尽的时候，血液中还有一些可用的其他物质。如果你以合理的速度开始你的马拉松比赛，那么你的燃料消耗大约将是 75% 的碳水化合物和 25% 的脂肪。比赛期间，随着碳水化合物供应开始减少，它们的比例发生变化，身体开始更加依赖脂肪作为燃料。一旦你可用的脂肪和糖原都用尽了，身体就会被迫燃烧最后的能量：蛋白质。当你开始切入蛋白质供能状态时，疼痛就开始了。

许多跑步专家认为，适当的营养摄入方式是避开撞墙期的最佳方式。我相信你对碳水化合物增补法或者运动员所说的“肝糖超补法”的概念很熟悉。有许多不同的碳水化合物增补计划，实践的要点是尽可能多地将碳水化合物装入你的身体，这样你就可以在血液和肌肉中储存额外的碳水化合物以助你完成比赛距离。因此，就有了在比赛前一天或者比赛前长达一周的时间内吃面食、煎饼和大米的传统。

即使有肝糖超补法，你在比赛中使用的最大量的糖原也只能提供约 2 000 卡路里的能量。这足以让你跑 26~32 公里左右，这正是大多数跑者报告的撞墙点。如果你坚持一个合理的配速、保持水分，并且通过饮用运动型和功能型饮料来摄入更多的碳水化合物，那可能就会多坚持一会儿，但请确保你事先已经测试了这一配方。在比赛当天，任何事情都不应该是第一次尝试，不能冒由消化问题导致撞墙的风险。当然，还有许多其他外部因素也会影响你的身体对长跑比赛的有效应对。天气、训练、睡眠、药物、配速、家庭压力，这些都会对你是否会撞墙产生影响。

这堵墙实际是个心理障碍

现在我将为你提供一个更新的理论，它将大脑对你表现的贡献考虑在内。著名的运动生理学家蒂莫西·诺阿克斯（Timothy Noakes）[1]并不认为是跑者的身体遭遇了撞墙，也不认为这是一种纯粹的生理现象。他提出了一个名为“中央总督模式”（central governor model）的概念，认为这堵墙实际上是一个心理障碍。诺阿克斯假设，大脑的中央总督会在跑者跑得足够远，而且速度太快的情况下告诉身体，是时候撞墙了。当大脑确定你已达到它认为的极限点时，它会增加血清素水平，这有效地减少了动员肌肉纤维的神经控制，反过来引发了极度疲劳的感觉。当你有强烈的停止的欲望时，消极的想法可以很容易变成一片负面的声音，而且不是幻觉，那些声音告诉你停下来。

根据诺阿克斯的研究，你的大脑实际上决定了墙壁的厚度。让人自我怀疑的大脑化学物质会减少你的脑力优势，使你在生理上也催生一种无力感。诺阿克斯认为，这只是你的大脑为你的血肉之躯保驾护航的方式，是一种维持身体健康，在你受伤之前及时刹车的方式。你的大脑和身体就像最好的朋友，它们可以同步运作，防止你成为“另一堵墙的砌墙砖”。平克·弗洛伊德（Pink Floyd）在歌词中写道，我们不需要被思想控制；但我非常肯定这并不适用于跑者。

如果中央总督确实存在于你脑中的某个地方，那么你可能会想要把它看作理性的声音。如果你愿意的话，也可以将其视为肩膀上保证你顺利活下来参加下次比赛的天使。有些人甚至可能会说，中央总督有时可能是保护欲太强的监护人。有一些跑者告诉我，他们在比赛开始仅仅 5 公里处就

① 诺阿克斯是跑步和体育科学领域的传奇人物，在湛庐文化策划、浙江人民出版社出版的《耐力》一书中，他特意写了一篇推荐序。——编者注

撞上了墙。这些都是为跑长距离而参加训练的跑者，但无论出于何种原因，他们的中央总督当天都特别专横，决定早早就让他们歇业。

虽然中央总督可能在你耳边窃窃私语，说你已经付出了所有必须付出的东西，但诺阿克斯说，实际上你还能够深入挖掘并激发更多的体能。当然，我们都看到过一个跑者沿着跑道蹒跚而行，当终点线终于出现时，他们会突然开始冲刺。也许你就是其中之一？神经通路就好像红海一样分裂，让生理通路再次运作，提供足够的动力来完成比赛。

顺便说一句，诺阿克斯的结论并不是我们判断中央总督存在的唯一凭证。一些其他的研究也支持他的理论。大多数这样的研究会招募自行车手而不是跑者作为受试者，因为相对于慢跑之后再测量其心率来说，测量骑在原地自行车上的参与者更容易，但我认为我们可以据此对跑者的信息进行合理推断。

由约翰·兰金肺科医学实验室[①]的研究人员在2007年进行的一项研究中发现，疲劳在某种程度上的确是一种心理状态。一项试验让骑行者尝试了3种不同程度的疲劳感，结果表明，虽然他们的运动表现不同，但肌肉疲劳没有差异。这似乎表明无论这些肌肉努力工作的程度如何，都只有大脑来决定肌肉疲劳状态。

另一项研究让骑原地自行车的人在观看让人放松的纪录片的同时骑行，然后在另一个环节以大约相同的速度骑行，但同时执行由科学家设计的苛刻的心理任务。在相对更悠闲的时候，运动者的体力衰竭时刻延长了15%，即使他们的心率和肌肉工作效率在两次测量中都大致相同。

然后，在另一项测试中，因骑原地自行车而感到疲惫不堪的人被要求

① 英文为 John Rankin Laboratory of Pulmonary Medicine。

用含糖饮料或不含碳水化合物的安慰剂饮料冲洗口腔。那些用真正的饮料漱口的人的表现胜过了那些用安慰剂漱口的人。对研究人员来说，这表明即使车手实际上并没有明显受益于饮料的摄取，但仅仅感受到碳水化合物的存在也可以增加身体的能量；他们的大脑以某种方式认定了碳水化合物的存在，这似乎足以提供一个能量的额外震动。

所以，到底是你的大脑还是肌肉对你的跑步时间有最终决定权呢？幕后是否有中央总督在掌控一切，还是应该为了获得最佳效果而尽可能多地用燃料包装肌肉？跑者在为自己设定配速时似乎不会去考虑这些问题。这表明在潜意识中有某些东西正在起着作用，为你设置限制能量的方式，避免让你成为砌墙的砖头。如果大脑总是有最后的决定权，那么这是否也解释了许多运动员在超越耐力极限时所展示的心胜于物的心态呢？

就我个人而言，我认为答案在两者之间。身心之间的联系是极其强大的，我一次又一次目睹了这种证据。我也认为，很多严肃的跑者似乎已经能控制碳水化合物的增补和身体状况，但没有对大脑越过墙壁做好充分的准备。我的确认为身体素质有最终的发言权，但跑者还是有可能通过良好的心理策略来推迟甚至防止撞墙。

如果我们假设大脑在保持双脚移动方面的确起到了一定的作用，那么说服你的大脑向着对你有利的方向发展是说得通的。我对如何做到这一点有一些想法。

选择一个击碎墙壁的心理策略

要清楚，你的大脑虽然是一个非常棒的器官，但它并不是魔术师。如果你没有正确训练，或者你饿了一个星期，那么无论拥有的心理器官多么强大，你都会撞墙。但让我们假设你是一个负责任的跑者，在那种情况下，我相信你可以利用大脑来影响双脚。

正如第 6 章中所说的那样，在任何时候都有 4 种不同的心理策略可用，每种策略都需要对目标设定、可视化和自我对话有很强的把握，并且每种策略都会激活前额皮层和小脑的不同部分。让我们快速回顾一下这些策略，以便讨论哪些可能成为最佳的避墙技术：

- 内部联想总是关注身体在跑步时的感受，你可以内视肌肉的松紧、手臂运动的机制、呼吸、心率等。内部联想的边界是你的皮肤，你的关注点会停留在皮肤之内。
- 通过内部分离，你做的恰恰相反，但仍然会关注自己的内在部分。使用这种策略意味着通过在思想中点击优秀歌曲的重播按钮、在大脑中写出即将到来的工作演示文稿或计算步数，来分散你的注意力。周围其他的跑者不知道你在想什么，如果他们知道了你此刻的想法，肯定会因为你没有思考当下的比赛而目瞪口呆。
- 外部联想将你的注意力放在你的身体和跑步本身的行为之外，但对你的跑步来说至关重要的事情上。因此，采用这种策略，你可能会关注在比赛中争夺位置、选择补水位置或关注分段成绩。
- 最后值得注意的是，外部分离虽然意味着关注外部事件，但不是要你关注对比赛本身不重要的事件或刺激。你可以专注于飞逝的风景、欢呼的人群和你经过的公园中漂亮的花园，也可以数路上喊着你手臂上名字的人数或者穿着奇装异服跑步的人。

对撞墙心理学的调查研究揭示了对普通的非精英跑者来说，哪些心理策略效果最好。在 20 世纪 90 年代，伦敦马拉松赛的完赛者接受了一项调查，看看平均有多少跑者会撞墙，以及他们撞墙时心里到底在想些什么。采用内部分离的跑者（那些使用杂念方法的人）最有可能撞墙，而采用内部联想的跑者（那些内视身体感觉的人）更早撞墙。外部分离（专注于风景、欢呼的人群等）似乎是最有效的避免撞墙的策略，但会导致比赛后期疲劳感的降临。

从表面上看，避免关注身体自身似乎是违反直觉的，因为监测你身体的感觉似乎很重要。研究表明，大多数精英跑者似乎都受益于关注身体自身，正好与我们这些普通人相反。这可能是因为他们擅长处理他们收到的关于自己身体的信息，并且能够更好地处理所有坏消息。我们必须小心，不要将所有适用于世界级跑者的东西都应用到普通跑者身上。虽然我们可以从他们的训练和思考中学到很多东西，但并非他们所做的每件事都适用于其他人。值得注意的是，伦敦马拉松赛的研究并没有将精英跑者作为他们的研究对象。

因此，英国科学家在研究普通选手时发现，过多专注内部，无论是内视还是外视，似乎都会在前扣带皮层和岛页皮层这两个大脑区域之间建立起一种负面的对话。

前扣带皮层的任务是注意所有重要的事情，而岛页皮层的任务就是感受痛苦。当然，你肯定想暂时忽略任何可能是大麻烦的事情。但是，如果岛页皮层进入超驱动状态，开始抓住每一点小的疼痛，同时前扣带皮层变得“同情心”泛滥，那这两个脑区就会开始解剖任何微不足道的不适和恶心感。更糟糕的是，它们有时会向高度情绪化和异常活跃的杏仁核征求意见。

如果你试图避开撞墙，那么内部分离策略实际上是所有思维策略中最糟糕的一种。从身体的感官信号和跑步的其他重要方面分散注意力可能会导致你误解当下的情况。因为你忙于内化与跑步的所有重要方面无关的想法，所以可能会错误判断你的配速、忘记补充适当的碳水化合物，或者忽略其他重要的身体信号，例如疼痛感。

那么还有什么方法可用呢？答案是两种外部策略。有趣的是，那些保持外部聚焦，尤其是选择分离方法的跑者，似乎并不经常会有严重的撞墙经历。也许把你的想法向外部引导，会使前扣带皮层和岛页皮层没多少机会闲聊，并阻止杏仁核也加入对话。欢呼的人群、悬挂在窗外的旗帜或在远处演奏的乐队可能就足以适当让你的大脑分散注意力，而不至于导致你完全忽略对配速、补水站和其他类似事件的关注。

我认为与内部因素做规律而短暂的连接可能是非常理想的选择，因为你的身体被设计为出现问题时使用疼痛作为警报系统。不惜一切代价忽视痛苦从来都不是一个好主意，我见过那些因无视短期疼痛而最终身心备受煎熬的人。

我的同事和朋友马修·布曼博士（Dr. Matthew Buman）是亚利桑那州立大学运动与健康促进副教授，他对跑者和撞墙进行了研究。有趣的是，他发现男性比女性更容易撞墙。他的研究还表明，期望会起很大作用：如果你认为自己可能会撞墙，那就更有可能会撞墙。

我相信中央总督的运行模式，但我认为这个观点还有待完善。就像你的大脑试图保护你的身体免受伤害一样，我想也许你的身体也会试图回报这个好处。你的大脑也使用大量的碳水化合物作为燃料。一旦在比赛中降速，你不仅会感到疲倦，而且会感到沮丧、灰心和烦躁。也许这是为了保护大脑的燃料，于是你的肌肉开始停止工作。如果你开始有这种感觉，不要感到惊讶。老实说，它可能有点像抑郁症，因为血清素已经耗尽。注意力不集中、缺乏动机、呆滞、消极思维和绝望都可能成为当时情况的一部分。你要了解你的大脑，了解它的工作原理，以及当事情开始从正面转向负面时应如何回应。

我也相信一点：无论是什么真实有效的理论或者无论你采用什么样的策略，不管是身体、心理或其他方式，都没有避免撞墙的万全之策。大脑和身体的保护机制都有其存在的原因。也许你可以在一定程度上拓展你的极限，但疲劳感总会占上风。

布曼的研究表明，自我对话和自我期望在避免撞墙中扮演着重要角色。这就是为什么我强调做撞墙的可视化训练，并想象自己如何有效地应对它。如果你相信你会主宰这堵墙，那就更有可能看到你的信念成为现实。

如果你确实撞了墙，请记住它会影响你的思考能力。我看到很多像史蒂夫·克罗斯兰这样的人，方向感迷失、口齿不清、匆匆被送进医疗帐篷。当看到他们在跑道上跌跌撞撞地跑向终点线时，我感到不安，试图劝说他们步行到终点。2014 年，波士顿马拉松赛中的一名女子跑过终点线，撞进我的怀里后，还在继续不停地跑。她停不下来，因为她的双腿不再与大脑沟通。你需要接受的是，在这里你没有回头路可走。越界可能是极其危险的，没有任何比赛值得你赔上自己的健康和生命安全。

所以请注意，如果你遭遇了撞墙，这不仅意味着你的四肢出现了问题，也许也意味着你的思维不够清晰。出于这个原因，寻求帮助是个好主意。当你逐渐恢复的时候，特别是如果你选择继续比赛，请别人留意你的举动，试着找人来指导你克服它。喝一杯运动饮料，补充一些碳水化合物，但不要过量。如果这不是属于你的日子，那它就不属于你。如果你真的无法继续下去，最好以安全为先并选择放弃。总会有下一次机会的。

1. 没有足够的燃料储存，你将被迫进行生存洗牌。当你开始切入蛋白质供能状态时，疼痛就开始了。
2. 你的大脑和身体就像最好的朋友，它们可以同步运作，防止你成为“另一堵墙的砌墙砖”。
3. 采用内部分离的跑者（那些使用杂念方法的人）最有可能撞墙，而采用内部联想的跑者（那些内视身体感觉的人）更早撞墙。外部分离（专注于风景、欢呼的人群等）似乎是最有效的避免撞墙的策略，但会导致比赛后期疲劳感的降临。

15 如何解决跑者的常见难题

挣扎、痛苦和脚趾甲流血听起来不可能像是一次有趣的冒险，但是当我与马拉松跑者和超级马拉松跑者交谈时，我能感到他们似乎以这种痛苦为乐。对于这个问题，短跑运动员的回答是如此，中长跑选手也是如此。

事实上，跑者通常和拇囊炎一样固执。不论他们是否会把内视或外视疼痛作为主要的心理策略，他们中的很多人都会将这种伴随着运动的刺痛感作为自己的荣誉勋章。没有人愿意受伤严重到被迫退赛，但是对很多跑者来说，如果没有受伤被绑绷带的经历，就不配称自己为真正的跑者。

尽管如此，我见过的每个跑者都有一个命门，我敢打赌你也一样。其他跑者能轻松通过的关卡可能对于你就像是最后一道障碍。我总是会说，给你带来最大挑战的不是你的身体，而是你的大脑。就像你在跑步中可能需要克服一个绷紧的髂胫束带或一个扭伤的膝盖问题一样，你也可能需要克服会让你心态崩溃的问题。

是什么让你走出你的舒适区呢？这种高强度的训练是你自愿的选择，还是你无法控制的东西，就像一座会将你逼疯的山丘？让我们用这一章来讨论许多跑者似乎都会遇到的四大挑战，并找到突破的途径。我在下一章会讨论天气带来的考验和痛苦，它们本身就是一种特殊的挑战。

无论这种挑战是什么，而且有时它不只是一件事，我都会提醒你前几章中的一些策略。另外我会用我从跑者那里借来的一些内部小窍门来启发你。毫无疑问，有些情况可能会比其他情况更加难以应对。但是下次当你遭遇个人滑铁卢时，至少你会有一些工具可以使用。

坡　跑

当你说有人正在抬头仰望着跑者时，如果他将此视为一段挫折，请不要感到惊讶。

对许多跑者来说，“向上”意味着爬坡。山是敌人，它们是快速前进的障碍，是需要忍受的负担，是让灵魂迸发、肺部爆裂的痛苦来源。

请记住，我是波士顿马拉松的心理学家，而波士顿正是心碎坡的所在地，这是世界上最令人恐惧的坡道之一。多年来，我一直在观察各种能力的人面对心碎坡的情绪和最终结果。我看到了恐惧、痛苦、疼痛和愤怒，但我也看到了信心。

我有机会向各个年龄、水平和能力的选手询问，他们是如何一步步登上心碎坡的。那些在没有压力的情况下征服它的人给了我几个好的想法，你可以在第 13 章找到更多的想法。

爬坡策略 1：爱上你的敌人

很多时候，在爬山之前，跑者会对山坡有一种恐惧感。这种消极的感受形成了大脑的反馈循环，更加激起你对山坡的仇恨。当你大脑中带着这样的想法爬到山顶时，你会为自己的经历感到痛苦。

你应该做的是让自己相信你爱这些山坡。告诉自己，山坡是有史以来最伟大的存在之一，而不是应该被恐惧的东西。一段时间之后，你会相信自己的。

你也可以专注于一些传统的积极的自我对话。告诉自己，你是一个勇敢的小火车头，你可以缓慢而稳定地赢得比赛，世事有起有落……无论什么陈词滥调，只要能让你体会到一种向上、向上、向上的感觉，就都是有用的。以这种方式来看：山坡不会移动，所以你最好尽力把损失减少到最低。

为了加强你对山坡的热爱，定期将数周的山坡跑融入你的训练中，并同时进行脑力训练和体能训练。在这里，我可以给你一个很好的意见：熟能生巧。爬坡会让你成为更好的山地跑者，这反过来会让你成为更加自信的山地跑者。

爬坡策略 2：想象它很容易被征服

想出有助于你爬山的图像。一位跑者告诉我，她在路边看到了一些东西，比如挺拔的树木或者呼啸而过的汽车，然后在它周围想象一条心理绳索，她想象自己可以拉着这条绳子向上爬。另一名跑者告诉我，他假装自己被一匹双翼飞马送上了山顶。还有人告诉我，他想象他身后有一辆大卡车将他推向上方。马拉松运动员和教练杰夫·加洛韦称这些为“肮脏的技巧”。你需要将这种利用图像、文字和想法循环的方法置于次要位置，直到迫不得已才启用它们。你用它们来解决问题，然后把它们从你的想法中抛掉。

爬坡策略 3：外视或内视

一些跑者会选择自己喜欢的地方来试图忘记他们正在努力训练。或者说，他们会假装自己的双腿已经脱落，使他们的四肢和腿部中的灼热酸痛感不再属于他们的身体。其他选手会采取相反的方针：他们以一种“痛苦让我快乐”的态度拥抱自己的痛苦。抽筋和疲劳感只会让他们更加努力。试着找出适合你的方法，如果你需要更多关于如何更好地使用联想和分离的想法，请翻阅第 6 章和第 7 章。

自我怀疑

当杰克·施耐德（Jack Schneider）刚进军跑步领域时，他对比赛不以为意。阻碍他的是速度训练。他甘愿付出所有的时间用于积累里程，速度训练相当令人生畏。

很多跑者都害怕加速，因为他们害怕自己可能完成不了任务。我知道很多人出于同样的原因害怕长距离奔跑，他们不相信自己拥有必要的手段来完成这一距离。

每个跑者都有怀疑自我的时刻，这不完全是一件坏事。它反映了你的投入程度，但自我威胁可能是自掘坟墓，它会阻止你前进的步伐。这些感受都源于消极想法和自我怀疑。它们可以成为一种影响你的身体并让你偏离目标的预言。毫无疑问，这部分的内容是关于如何克服常见的恐惧来源，并跑出你的最好成绩。

自我怀疑应对策略 1：培养你的网状激活系统

你的网状激活系统是你大脑中控制信念的部分，它最重要的工作之一就是收集所有支持或驳斥你对自己的看法以供将来使用。自我怀疑和自信都流淌于你的网状激活系统中。你可以在网状激活系统中填满支持成功的信息、想法、思维和感受，从而控制从大脑这部分传达进你思想的东西。关于如何做到这一点，请翻阅第 3 章。你还会在第 18 章找到一个积极思维的训练计划表。

自我怀疑应对策略 2：了解警告信号

焦虑、怀疑、恐惧都是非常自然的感觉，甚至可能是有益的。在某些情况下，健康剂量的恐惧可能是有用的，甚至是明智的。例如，在比赛开始之前，一点点紧张感意味着你的肾上腺素正在流动。但是，老是惦记着消极的感受或忽视它们可能会阻碍你前进的步伐。

你要时刻注意恐惧感是否将阻碍你前进的步伐。如果是这样，就练习一些克服疑虑的心理策略，这些心理策略必须是积极的。可视化想象自己克服所有让你感到恐惧的事情。例如，如果你不想在最后一圈因为有太多的跑者超过你而看起来很糟糕，那就每次都利用跑步的最后几分钟来加速。这会让你认识到你的确可以跑得更快，至少可以在短时间内爆发。也许下一次就不会有那么多跑者超过你，也许你甚至会反超其他人。

自我怀疑应对策略 3：打破僵局

如果你内心感觉害怕做某件事，直接去做就好了。在内心告诉自己，还会发生什么更糟糕的事吗？你可能没有你想象的那么糟糕。如果你真的很糟糕，你也有一个可以努力训练的基准，并且通过训练，你会变得更好。

从小处着手。如果像施耐德一样，你认为自己是一个速度不快的人，你可以将一两个慢速跑间隔合并成一次普通的跑步，这样就会略微品尝一下快跑的滋味。这是你可以逐渐培养起来的。也许你永远不会成为尤塞恩·博尔特（Usain Bolt），但谁又可以呢？你必须把目光投向那些现实可行的东西。

自我怀疑应对策略 4：设定成功

如果为 5 公里设定一个特定的时间或者设定一个一定要完成的距离令你非常恐惧，那就关注你取得的进步而不是最终的结果。这一切都归结为那些最佳、令人满意和不错的目标。你可能无法在下一场比赛中交出个人最好成绩单，但也许你可以将比赛的耗时减少 10 秒钟。或者你的目标是完成 16 公里的距离，但你只能达到 13 公里，那么哪怕只比上次多跑半公里，你也必须为取得的改善赞扬自己。你要利用你的训练时间在身体和情绪上建立自信心，训练你的身体和大脑达成目标的能力。

无 聊 感

有一种跑步体验已经成为无聊的代名词，它被称为跑步机运动。它是意志的克星，我会用整整一章的篇幅（见第 17 章）来讨论它。也许你决定跳过这一章，因为唯一听起来比在跑步机上跑步更无聊的事情就是阅读它。但请相信我，那里有可以帮助你选择到底是否要在跑步机上跑步的信息。

你可能会认为，只要你在室外跑步，你的思想就永远不会麻木，但它并不适合每一个跑者或每一次跑步。在室外跑步可能会令人兴奋、具有挑战性和鼓舞人心，但也可能是沉闷且单调的。你的大脑渴望新奇体验，大脑的奖励中心通过释放多巴胺来响应这种体验，这种神经递质会带来愉悦的感觉。无论你是在跑步机上跑步，还是正在穿过巴黎的街道，或是正在掠过俄勒冈州波特兰市的森林公园，其实都无关紧要。因为一旦跑步的新鲜感消失，释放那些让你感觉良好的化学品的水龙头就会关闭，你就好像在听关于办公室隔间的组织管理学讲座。简而言之，这就是无聊的有机化学。

击碎无聊的策略 1：分心和分离

联想策略具有明显的优势，因为它可以强制你注意诸如步幅、步频和跑姿等至关重要的东西。联想策略可以让你成为更好的跑者，但是如果你发现感到无聊已经成了困扰你的一件事情，分离策略可能是大多数跑者的选择。

无论如何，只要戴上耳机、调高音量并保证安全，如果这样能帮助你打败无聊感，那就这样做吧。把所有能激励你的曲目都放在一起来将你的注意力从路上转移开。

查尔·比斯利（Char Beasley）告诉我，她在某一年的冬天遭遇了严重的情绪低迷现象。因为她通常是独自一人跑步的，所以她决定找一个跑步伙伴。“现在我感觉自己跑得更快、更轻松了，”她说，“有时候我们会说话，但即使我们不交谈，身边有这样一个伙伴会让跑步变得更有趣。”

萨米·钱（Sammy Chang）找到了一种非常有趣的创造性方式。当他穿过纽约市的街道时，他会寻找掉落在地上的硬币，5分、10分或25美分都无关紧要。当他发现一枚硬币时，会将其捡起来放入口袋。然后他会在月底整理他的战利品，如果钱够多的话，就会为自己买一首曲子、一个应用程序或类似的小东西。安比·波夫特发誓，这也是他的合作伙伴比尔·罗杰斯最喜欢的活动！

钱说：“大多数情况下，我在一个月内捡到的硬币面值不会超过50美分，但有几次我捡到了5美元，甚至有一次，我有幸捡到了20美元。”他一路上也捡到了一些有趣的非货币物品，也看到了很多相当不体面的东西。很明显，他的奇怪嗜好不会让他成为百万富翁，但他说这个嗜好让他渴望上路。

不管相信与否，你应该考虑一下踏上跑步机。是的，你和这个星球上所有人都认为“跑步机”是无聊的代名词，但它会占据我整整一章的篇幅。你可以将自己置于电视屏幕前，通过看喜剧来让自己保持愉悦，或者全情投入到一部精彩的电影中去。你可能不一定会跑出最好成绩，但至少你会动起来。如果你只是偶尔踏上跑步机，它就可能会引起一个令人惊喜的新变化。当然，也可能不会，如果你是那些真正鄙视在跑步机上运动的人，这个小窍门肯定不会起作用。

击碎无聊的策略2：改变它

我们大多数人倾向于在一条、两条或者三条不同的路线上惯性地跑步。另外，你可能每天都会在同一时间以相同的速度跑步。几年、几个月或几周，它可能会开始变得无趣至极，这取决于你的容忍度。我有一位朋友选择利用午餐时间在办公大楼周围跑步，我真的很难想象还有什么地方比这儿更无聊了。

如果你以前总是在桥上来回奔跑，那以后就去湖边、赛道或公园吧。加入一些法特莱克训练法或间歇跑，也可以通过上坡反复跑或配速梯完全改变它。你可能想要完全放弃跑步，或在一周几天中折腾交叉训练。为了激发那些追求新奇的大脑化学物质，并让网状激活系统保持注意力，请选择为自己创造新奇的事物吧。

击碎无聊的策略 3：分解它

如果我的跑者朋友正处于一个毫无动机的阶段，我就会让他们将跑步分成 2~3 次。这虽然是违反直觉的，但非常有用。

有时 3 次 20 分钟运动的想法比连续运动 60 分钟更容易面对。在这么短的时间内，你没有充足的时间感到无聊，因为在你开始感到无聊之前，它就已经结束了。你的目标仍然是完成你为自己规定的距离，这意味着每天保持 2~3 次的跑步安排，但这似乎并不是一个障碍。

如果你在长跑中会感到厌倦，这就是一个特别有用的策略。你仍然可以获得所需的里程数，但是因为你将运动分解为小的片段，它就会变得更加轻松。

生活中的变化

你会在生活中经历很多不同的阶段，这可能会暂时或永久地改变你与跑步的关系。在此值得回顾一下你可能会经历的一些重要阶段，并提供一两个技巧，告诉你如何在生活中将你对跑步的热情永远保持下去。我在这里总结了特定的人生事件，但许多技巧都可以互相借用，从而适应环境的每一次重大转变。

生活中的变化 1：成为一名家长

琼·贝努瓦·塞缪尔森告诉我，她将她的跑步生涯分为两个阶段：生产之前和孩子停用尿布之后。

在塞缪尔森的孩子出生后，她大幅减少了训练的里程数，并且从每天跑两次减少为一天一次。这让她感到焦虑不安。和许多新父母一样，她了解到很少有事情会如同生孩子一样彻底改变你的生活。仅仅缺乏睡眠这一件事就足以让所有人的生活陷入混乱。

如果你是一位新妈妈，那么在怀孕 9 个月之后，就会初尝这种滋味。你会精疲力竭，时不时恶心，身材变形。虽然你偶尔会听说有准妈妈跑马拉松，而且有时会取胜，但你可能会得出自己的结论：怀孕通常不是能取得个人最好成绩的时候。

在怀孕期间，准妈妈需要每天至少锻炼一次。再次强调，目标与意愿同样重要，如果你不想跑步，不要强求自己。强迫自己完成锻炼并不会对你有任何帮助，而且这对宝宝来说可能也并无益处。我知道很多求胜心强烈的准妈妈不得不因为医生的要求或者自己的身体不能适应而被迫终止训练。因为生孩子而暂缓训练并不意味着你不顽强或不专注，而仅仅意味着你的孩子是最重要的。

你必须倾听你身体的声音。亚历克莎·辛普森（Alexa Simpson）在怀孕期间，大部分时候都跑得非常舒适。但是，就在她步入第 9 个月的时候，有一天走下路缘时，她感觉到膝盖上的韧带发出了响声。怀孕期间软化关节的激素终于“找”上了她，她立马就明白了这一点。她理智地意识到自己已经跑得足够多了，于是放慢了脚步，在剩余时间里采取了散步的方式。

“你不会想忽视那种警告的。”她说。一旦宝宝出生，我就会让新妈妈休息一下，因为她们的身体刚经历了一次重大事件。你不能指望在此时仍然能跑肚子里没有宝宝时的时间和距离。在设定更严格的目标并期望让身体获得更多益处之前，请允许自己在6~12个月的时间内保持松弛。

顺便说一句，因为婴儿的到来会改变你的优先次序、日程安排和时间承诺，所以我也会给新爸爸同样的建议。

我还建议新父母在婴儿出生后选择完全不同的跑步路线并进行不同的锻炼，以避免宝宝出生前后的状况形成明显的对比。如果你觉得自己没有达到惯常的标准，在心理上就会很糟糕。不要责怪自己，要善待你的身体，多做一些拉伸、按摩或瑜伽。

产后的个人形象是新妈妈（有时是新爸爸）严厉斥责自己的另一方式。很多生产完出院回家的新妈妈会试图立即挤进一条怀孕前穿的裤子中。在完成分娩这件人体可以做到的最令人惊异的事情之后，她们甚至没有让自己体验几天“亲子时刻”。现在，是时候对自己狠一点了吗？与其将自尊与外表挂钩，不如多购买几件衣服，包括几件适合你的运动服，并让自己休息一下。

塞缪尔森建议找到能让自己适应的方法，这样你就可以继续坚持一些旧的训练方式，直到你有更多的时间来探寻新的方法。她告诉我，她从来没有因焦虑而服用任何药品。她说：

> 因为我的内啡肽没有像它们习以为常的那样升高，所以我终

于决定走出去，每周做一次会让我耗尽体力的长跑。在每周跑量只有 16 公里甚至更少的情况之后，我有两三周每周跑 21~24 公里，这几乎在一夜之间就消除了我的焦虑感。

因为已经经历了这些变化，我觉得自己需要学会骑自行车，这样如果有一天我不能外出跑步了，至少可以做一些其他事情。当你不能够消耗你习惯的能量时，就会在你的系统中积累大量的肾上腺素，而这些多余的肾上腺素会无容身之地。这只是我的假设，没有得到任何研究的证实，但它是我长时间的跟踪探索得出的简单结论。

生活中的变化 2：年纪越来越大

如果你曾经是一个活力四射的高中或大学跑者，但现在的你已毕业多年，你的时光如白驹过隙，匆匆流逝。想想就觉得心痛不已，钟表上滴答而过的分秒正在提醒着你，任重道远，要惜时如金，全力拼搏。

“我可能是全世界最大程度放慢自己跑步生涯的人，”前精英跑者安比·波夫特告诉我，“21 岁的时候，我赢得了波士顿马拉松赛的冠军；22 岁的时候，我跑出了自己最好的马拉松比赛成绩。从那以后，我一无所获，而且这些年来我的速度日渐缓慢。”

波夫特真是太谦虚了。他仍然活跃于跑圈，并且在他的年龄段中仍然表现得相当出色。但是当他说你可能不得不随着年龄的老去而重新考虑你的训练和目标时，他的确是对的。也许你曾经每年参加 5 次马拉松，但是随着你的身体不断地老化，你可能需要选择时机，每年只跑 3 次比赛。这虽然只是一种心理调整，但它可能是保持健康和免受伤害的关键。

找寻同龄搭档一直是至关重要的，尤其是上了年纪之后，这更显得意义非凡。你既需要确认自己的现状，也需要他人的一点同情。与其将自己与热血青年相比较，我认为与同龄人做伴能帮助你更好地定位自己现阶段所处的位置。这就是为什么我试图让竞争的跑者看看他们在同龄人中所处的位置。你可能无法跟上 20 岁的年轻人，但如果你能在同龄人中处于领先地位，就会知道自己已经做得很好了。这是一个评估胜利的方法。

即使你确实放慢了速度，也不要彻底放弃跑步。活到老，跑到老。哈丽雅特·汤普森（Harriette Thompson）最近燃爆了华盛顿特区的摇滚马拉松赛，将女子 90~94 岁年龄组的纪录缩短了一个半小时。比赛结束后的第二天，汤普森告诉我，她的双腿恢复得很好。考虑到她最近接受了 9 轮癌症放疗，这更加令人印象深刻。另外，她还为白血病和淋巴瘤协会的训练团队募集了 9 万多美元。

"我希望明年能跑得更快一点，"她告诉我，"如果我还活着的话。"

真是一位了不起的女性，她 79 岁时才开始参加比赛。但她也不是唯一一个这样做的人。我曾与几位资深参赛选手进行过交流，其中包括一名来自印度的自称 101 岁的男子。他们总是告诉我，虽然他们年事已高，但壮志未改。也许高龄会让他们变慢一点，但似乎永远不会阻止他们前进的步伐。

你仍然应该有目标，但如同波夫特所说的那样："当我年轻的时候，我想跑得最快并取得胜利，但是现在我有一个长寿目标。"他继续说道：

> 我认为大家有各种理由来通过跑步追求健康向上的生活，我不在乎你的理由是什么，只要你找到并锁定它，并将它作为能激励你跑步的朋友。现在我已经 68 岁了，我知道有一天我会死去，但与此同时，我想在合理的情况下尽可能健康乐观地活着，而不是只坐在场边观看我生命最后的四分之一从身边飞逝而过。

正如已逝的肯尼斯·库珀博士（Dr. Kenneth Cooper）曾经说过的那样：“我们不是因为自己变老了才停止锻炼的，而是因为停止锻炼才变老的！”

生活中的变化 3：有压力

以下几项有可能带来负面的压力：疾病、离婚、亲人的死亡，有时它们还会同时降临。下面几项可能带来正面的压力：婚姻、一个蒸蒸日上的家庭、新房子。但对于你的大脑和身体，压力就是压力，不分好坏。你的身体真的无法辨别消极压力和积极压力之间的差异。建造新房子的人可能感到与房屋刚被烧毁的人相同的生理和心理压力。

当某件事情使你感到有压力时，由于交感神经系统的压倒性反应，你的身体会做出反应。对新手来说，你的肾上腺会释放大量的压力激素肾上腺素和皮质醇进入血液，这会增强许多自发的功能，包括心率、呼吸和血压。

大脑和身体还会发生很多其他变化。你的血管扩张得更宽以允许更多的血液流向大型肌肉群，以防人们需要逃离现场。你的肝脏会释放一些储存的葡萄糖，以便瞬间释放能量。你的瞳孔会扩大以增强视力，并且你的汗腺会生发汗水来冷却身体。

这种紧张能量的不定时释放可以激发你的能力。但问题在于，反复的长时间的压力会让你感到厌烦，造成一系列身体和情绪问题，包括头痛、脱发、体重增加等。美国压力研究所发布了 50 个最常见的症状列表，这些还只是最常见的。我认为，有多少人，就有多少种对压力的反应。

有些人在经历了特别糟糕或特别好的事情后，最容易产生的变化就是将自己的锻炼半途而废，但这就像疾病痊愈后立马扔掉那些治疗药物一样。

跑步是帮助你控制压力的最好方法之一。运动有助于逆转神经激素，帮助保持大脑健康，从而扭转压力带来的危害。它会确保你的身体保持健康的状态，而且对身体有益的所有东西都对大脑有益。你可能早就已经知道跑步给你带来的好处了，当你感到不知所措时，要面对的挑战就是如何才能坚持下去。

我知道当你有一百万件事情要做，有一百万个想法在你脑海中飞驰时，你很难抽出时间和心思去跑步，但这正是你应该做的。每天都在你的日程中留出跑步的时间，并将其与同老板或医生见面相提并论。我知道，有时候说起来容易做起来难，但请尝试一下。

我发现有一个技巧很有效，那就是把你的训练量减半，做更短、更高强度的锻炼。你会完成得更快，而且高强度的训练似乎对许多人有镇静舒缓的作用。这是因为它能快速地从系统中清除皮质醇和肾上腺素，就像是从剑齿虎旁全速奔逃离开一样。

生活中的变化 4：伤病

伤痛既可以造成身体上的不适，也可以造成精神上的挑战。你跑者身份的一部分被铭刻到网状激活系统和大脑的其他部分上，所以无法跑步会让你感到空虚。因伤退出的跑者通常不会描述身体上所经受的疼痛，而是谈论抑郁和焦虑的感觉。正如伟大的马拉松选手比尔·罗杰斯所说的那样："只有当你失去它的时候，你才会意识到对它的爱有多深。"

与其闷闷不乐地等待身体自我修复，不如积极有效地利用你的停跑期。这是一次将问题重构为契机的良好时机。当你这样看待问题时，受伤可能提供了一个很大的动力。跑者会受益于良好的习惯，所以此时可以关注日常生活的其他方向，例如睡眠时间和饮食模式，并利用你一天之中的空闲时间来为你的精力寻找新的出路，例如进行力量训练、练习普拉提或瑜伽，这样你就会知道，无论如何，你一直在积极地寻找时间来锻炼你的力量和灵活性。

莎伦·杰克逊（Sharon Jackson）在一个艰难赛季即将结束时扭伤了膝盖，她告诉我，她用了 6 周的闲暇时间来按摩自己的脚趾，这是她以前从未做过的事情。“我是一个典型的跑者，对自己有非常严格的要求，这可能是导致我受伤的首要原因。”她补充说，一旦她被允许再次跑步，那么这些额外的放松活动就会让她的步幅更轻松、更大。

如果你完全无法运动，那就尝试一些有助于你跑步的非身体活动，比如采用冥想来改善你的大脑技能。或者，你也可以重新调整你的焦点，为什么不在家里处理一些你原来一直想做的事情呢？关键是要避免因为将所有时间浪费在沙发上而感到愧疚。只要不会加重你的伤痛，你就可以通过其他活动来分散自己的注意力。

尽量保持与他人的联系，与其他跑者保持友谊。你可以浏览互联网上的跑步社区，或者看看你是否可以吸引一些跑友加入你的交叉训练之中。如果可以的话，我鼓励你在几场比赛中现身，为你的朋友加油。你可能会认为这会激起阵阵嫉妒，但我发现，为你的朋友加油打气会让你感觉很好。

最重要的是，如果你受伤了，就要及时踩刹车。“伤痛如此之好”的想法可能会在爬坡时奏效，但除非你想冒着永远无法跑步的风险，否则这不是你应该选择的方式。尽管可能需要几周甚至几个月才能恢复正常活动，但请欣赏你在完全恢复过程中的进步。在这种情况下，你的目标应该是尽快恢复健康。

我喜欢超级马拉松跑者迪安·卡纳泽斯所说的恢复方式。作为一个曾连续跑 3 天而没有睡觉的人，他对自己的伤病有很清楚的认识。他克服这些病痛的方式就是始终把自己的目标放在最明显的地方。

“对我而言，目标是短期的里程碑，是实现梦想的道路上跨出的无数个‘婴儿步伐’，”他告诉我，“我先为自己树立一个远大的梦想，然后再一步步找出有助于自己实现梦想的具体目标。”

你与跑步的关系错综复杂。你可能会喜欢跑步，但不会喜欢关于它的一切。然而，就像你要接受你喜欢之人的缺陷一样，你也要接受对跑步的所有感受。总会有山要爬，有无聊感要克服，也总会有伤痛如影随形。坚持跑步的秘诀在于，克服跑步中你最不喜欢的那一方面。正如本章向你展示的那样，它是可以被实现的。

跑者贴士

1. 坡跑的三大策略：
   （1）爱上你的敌人；
   （2）想象它很容易被征服；
   （3）外视或内视。
2. 自我怀疑应对策略：
   （1）培养你的网状激活系统；
   （2）了解警告信号；
   （3）打破僵局；
   （4）设定成功。
3. 击碎无聊的三大策略：
   （1）分心和分离；
   （2）改变它；
   （3）分解它。

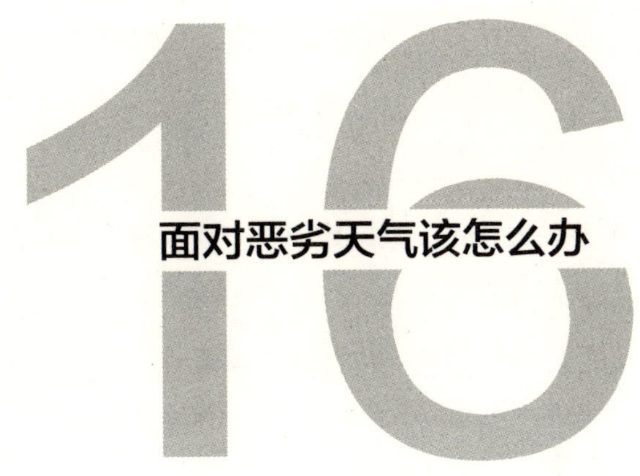

面对恶劣天气该怎么办

超级马拉松跑者摩根·艾夫斯（Morgan Ives）是一位“受虐狂”。普通人在几个小时内大都会屈服于他们的乳酸阈值，但艾夫斯却能连续跑一天而不停歇。他无论跑几分钟、几小时、几公里还是几天，都是面带微笑，完全不会感到肌肉酸痛。

但就像有人不喜欢与蜘蛛同处一室一样，艾夫斯不喜欢在雨中奔跑，即使是稀疏小雨也不行。

“我只是不喜欢弄湿自己。”他简单地回答了我的问题，当时他正在准备登机，飞往英格兰中部地区参加一个要跑24小时的马拉松比赛。他没有别的补充，他讨厌在雨中跑步，仅此而已。

虽然这些超级马拉松跑者看起来就像超人，但艾夫斯确实是人类。雨、雪、雨夹雪和冰雹都不会阻挡邮递员的工作，但艾夫斯呢？只需要几滴雨就能让他束手无策。

在前一章中，我们谈到了一些在跑步方面让跑者备感痛苦的东西。无论出于何种原因，天气都对许多跑者提出了特殊挑战。当我开始思考这个问题时，我意识到自己有很多想法与你分享。我意识到天气就像你的爱人一样，并不总是完美的。如果你等待气候变得完美无缺才开始行动，就会错过很多日子。无论大自然的选择如何，你都可以通过调整自己的态度和加快自己的步伐来达到“可以跑步”的时刻。

高　温

让我们先讨论在高温下跑步。我认为炎热的天气阻止了很多跑者的步伐。我很惊讶地从跑步老将、波士顿马拉松赛冠军凯瑟琳·斯威策和杰夫·加洛韦那里了解到，他们并不热衷于在高温下奔跑，而且有时会因为炎热的天气而放弃或改变训练计划。

一些运动员，如珍·马奥尼（Jen Mahoney），对高温深恶痛绝。虽然这听起来有些夸张，但马奥尼告诉我，她将在32摄氏度的高温天气下奔跑视为与太阳的抽象决斗。她住在亚利桑那州，所以这种决斗比她想象中的更频繁。

“就在上周的一个晚上，我躺在床上想着明天要面临的酷热天气，内心焦躁不安，”她告诉我，“从中暑到晒伤，所有不愉快的体验都在我的脑海中闪现。”

马奥尼在早上 6 点就起床出门，但那时已经接近 30 摄氏度了，太阳开始烘烤人行道。她说：“我跑了两个街区，然后放弃了。这在整个夏天经常发生。”

马奥尼关于高温的看法中有一点是值得我们关注的。在高温下跑步可能会导致中暑或更糟糕的情况。与日晒有关的情况可能会导致生理和心理的双重问题。许多进入波士顿马拉松医疗帐篷的跑者都是因为过久地暴露在太阳下，所以才神志不清、昏昏沉沉。

脱水也是高温下需要担忧的一件事，它能扰乱跑者的生理和心理。在酷暑中跑步的另一个副作用是一种被称为低钠血症的病症，这与脱水正好相反。当一个人喝太多液体时，会在体内引发洪灾，从而稀释血液中钠的浓度。细胞被迫吸收过量的水，导致潜在的致命性脑肿胀，还可能会引发精神错乱。

我在此特别提到低钠血症的原因是，它让我想起我在 2002 年第一次成为波士顿马拉松医疗队的官方心理医生时遇到的一件事，当时一名妇女蹒跚着进入帐篷，声称她失去了视力。各科医生做了一系列测试后，聚在一起商量病情，并最终提出了低钠血症的诊断。

跑步时间超过 4 小时的马拉松女性初跑者往往最容易受到这种情况的影响。她们在整个比赛中天真和强制性地补水，严格执行无数专家和杂志文章的建议，以防脱水。当这些建议弄巧成拙时，受害者会形成盐渍皮肤、体重微增，因为他们不再出汗或排尿，并且重心会非常不稳。我发现作为运动心理学家，它是我在过去 12 年通过观察运动员而获得的身心连接的典型案例。

所以，是的，冒着酷暑奔跑不是一件易事。即使你擅长，也务必认真对待。

也许你正在比赛或者要参加约定好的集体跑，如果你必须面对高温，我在此可以提供一些有助于你渡过难关的心理策略。

高温策略 1：调整你的期望值

尽管我大力提倡目标设定，但炎热的天气可能不是完成目标的好时机。有时候，心理的重新校准并不容易，特别是当你处于比赛状态或想要在入围成绩内完赛的时候，这就是我总是强调要有一套最佳的、令人满意的和不错的目标的原因。也许高温会阻止你实现你的最佳目标，但是你可以将目标转变为令人满意的和不错的目标，这样仍然会体验到一种成就感。

高温策略 2：创建一个冷却循环系统

马奥尼和我想出了一个系统，它可能也适合你。我让她在街区附近找一个较小的跑步圈，在能找到的最阴凉的地方放置一个冷藏箱，里面储藏着冷饮、冰和毛巾。她每隔 10 分钟左右就能停下来休息一下。在心理上，这打破了距离感，给了她一些值得期待的东西，有点像比赛中的救援站。当然，这也有助于控制高温跑步引发的生理症状。一周后，你可以逐渐扩大冷却循环以增大站点之间的距离。

高温策略 3：了解你的危险区域

哪怕你尽量在一天早晚跑步，并且注意饮水，穿着恰当，但炎热的一天还是意味着会有患上与高温相关的疾病的风险。你需要了解那些疾病的症状和体征。身体上的症状往往是明显的，比如脱水、皮疹、疲劳等，但你知道你的心理症状吗？

在与高温相关的疾病患者中，迷失方向感和神智混乱是最常见的。如果你开始感觉不适，应立马停下来寻求帮助，用手机拨打紧急救助电话。如果你找不到任何人来帮助你，至少试着去一个阴凉的地方，平静下来，喝一杯水。你可以通过关注其他人的高温问题，来让自己成为一名优秀的“跑者 – 公民”。

寒　冷

对于寒冷的天气，你可以使用一些与你用于炎热天气相同的提示，以及与高温天气相反的心理暗示。你不太需要担心低钠血症，但脱水以及随之而来的身体和心理问题仍然是一个值得担忧的问题。

寒冷策略 1：尊重你的极限

你需要做的主要事情是调整你的期望值。如果你正在冰冷的山坡上滑行或者迎着风雪艰难地前进，你很可能不会跑出个人最好成绩。马拉松跑者劳拉·奥尔登堡（Laura Oldenburger）告诉我，在纽约州北部 2 月份举行的比赛中，她就是这么做的。

“当暴风雪突然来袭的时候，我似乎正和另外 6 名跑者处在 29 公里标记处，我们看不到距离标记、橙色锥体和赛事官员，最终结果是我们转错了弯。”她回忆道。

当最终有人发现他们失踪了的时候，他们一行人已经偏离了近 5 公里。当终于有人追踪到他们时，其中的几个跑者决定放弃比赛，但奥尔登堡没有这样做，她决定纠正错误并完成比赛。虽然她比其他选手多跑了将近 10

公里，但最终还是名列第二。

“那是有史以来感觉最好的一次比赛。”她笑着告诉我。

显然，奥尔登堡调整了她的预期。这是她最糟糕的马拉松成绩，超过平时成绩一个半小时，但能带着奖牌回家让她高兴不已。

寒冷策略 2：找出你在大雪中能做什么

如果你的体温下降到需要颤抖以保暖时，你就已处于因低温而受伤的危险区域。你的血液流向大脑的速度变慢，你会感到迟钝和神智混乱。

这些症状的最佳防御措施是抢夺先机，避免它们的到来。在暴风雪天气或者天寒地冻的时候，待在室内是最好的。这不是畏缩逃避，而是常识。

但如果你发现自己处于危险境地，请立即寻求庇护和帮助。奥尔登堡当时极有可能在挑战自己的极限，如果天气已经到了可能会下暴风雪的情况，我希望赛事官员能把跑者拉下场。如果你的衣服是潮湿的，请将其脱下。使用毯子保温，并喝温暖但不是滚烫的液体。低温症是非常严重的病症，所以请尽快就医。

冰　雹

关于雨、雪或冰雹的谚语并不总是适用于跑者。你们中的有些人讨厌打湿身体，但别担心，如果雨滴或雪花碰到你的皮肤，你不会融化。就像我对新英格兰的跑者说的那样：“如果你不喜欢现在的天气，再等上几天，你会更加讨厌它的！”

冰雹策略 1：选择时机

如果你与艾夫斯一样，恶劣天气让你失落，你都可以尝试内视，让自己更专注；但说实话，我会选择一种分离但又不那么分离的策略。但是如果外面能见度较低，迎面而来的汽车不太可能会立刻发现你，你最好不要强求自己，但你也可以和朋友一起跑步，这有助于你转移注意力。在忽略倾盆大雨和保护自己免受伤害之间，你需要找到一个平衡点。

冰雹策略 2：重构情绪

在雨中跑步令人讨厌吗？不，在雨中奔跑非常棒！这是一个令人敬畏的挑战，是一个很酷的体验！正如他们所说的，你必须先假装兴奋，直到你真的感觉兴奋。一旦启程，你几乎总是会感觉越来越好。你要学会接受这样一个事实，即虽然会浑身湿透，但你最终会活下来。让自己走出门外，踏出湿漉漉的第一步，这是最困难的部分。在那之后，所有的负面情绪都会随着雨水的降落而被冲刷干净。

马克·吐温曾说过："气候是我们期待的东西，天气是我们得到的东西。"换句话说，你生活在一个普遍的气候中，但更多的时候你不得不面对天气。

你越尊重高温、寒冷以及从天而降的水的所有形态，它们就越不容易干扰你的跑步计划。这并不是说，在龙卷风中慢跑是一个好主意。但如果你准备好了正确的装备、最准确的信息和最好的态度，天气就不一定是你的敌人。

1. 高温策略：

（1）调整你的期望值；

（2）创建一个冷却循环系统；

（3）了解你的危险区域。

2. 寒冷策略：

（1）尊重你的极限；

（2）你在大雪中能做什么。

3. 冰雹策略：

（1）选择时机；

（2）重构情绪。

17 如何进行跑步机训练

1822 年，美国报刊开始赞扬英国的一项新发明，这项发明引发了各地囚犯的恐慌。几个美国监狱迅速采纳了这个发明，希望效果能与他们从监狱官员那里听到的相匹配。

这一实验成败参半。尽管一些管理人员赞扬这种设备让囚犯变得有序、顺从，不再需要同样的监督，但其他一些人则指出，这并没有真正让被监禁者得到根本性改造。

“跑步机上的体力消耗是极其无聊、沉闷和单调的，”当时英国一名监狱官员写道，“在跑步机上的人只管跑步，看不到任何周围的变化，不欣赏部分之间的新关系，不会赋予事物新的特质，并且不会给它新的定位。”

所以现在你知道了：跑步机，通常被称为减肥和改善心血管健康的黄金工具，最初是被用作体罚的。也许当你在跑步机上一路艰难地跋涉时，你已经感觉到了这一点：皮带在你的脚下滑行，控制台上的计时器痛苦地增加着秒数，内心有个声音请求你马上按下停止按钮。

我敢打赌，没有一个跑者不厌恶在跑步机上进行锻炼的折磨，对吗？即使有最先进的娱乐设施可以助你消磨时间，但它似乎不可能让你的大脑摆脱一个事实，那就是你哪儿也去不了，并且跑得不够快。

你的大脑不喜欢无聊。在新奇和有趣的体验中，大脑的奖励中心可以自由地分配多巴胺，这是一种带来快乐感觉的神经递质。然而，当没有什么太刺激的事情发生时，奖励中心会吝啬于生产这种让人感觉良好的化学物质，于是你就被剥夺了那种耀眼的冲动感。此刻，你的前额皮层开始进入无聊模式，你感觉时间的流逝变得缓慢，一分钟好像一千年那么长。

从某种意义上说，跑步机是让人无聊的机器。没有新的或有趣的刺激，那些神经奖励中心没有理由释放令人喜悦的果汁。你的双脚虽然在不停运动，但你的大脑正在绝望地扫描周围以寻找任何可以锁定的东西。

尽管这一切都是事实，但大多数跑者认为跑步机至少在有些时候是一种必要的“灾祸”。有时候，外出或者大步向前既不方便，也不安全。恶劣天气、深夜、受伤或其他因素可能会迫使你在室内的跑步机上进行锻炼。在前面的章节中，我们已经讲到了很多这方面的内容。

我在这里为你提供一些防止无聊的策略，你可以全部都尝试一下。我相信它总会对有些人有所帮助。你可能会发现一种策略只能暂缓无聊，而之后你又会陷入极度沉闷或无聊的状态。我的建议是尽可能频繁地混合、匹配和循环使用不同的无聊消除策略，从而保持大脑的活力。你甚至可以找到一两个万全之策，它们能够真正帮助你享受这一场哪儿也去不了的旅行。

如果这些方法都失败了会怎样？我希望这不会发生在你身上。但如果确实发生了，也许你会找到一些安慰，因为就像洗衣服或刷牙一样，跑步机锻炼是你永远不会爱上的东西之一，但是一旦它结束了，你就会为自己的坚持不懈而备感自豪。

分心策略 1：增加娱乐项目

几乎所有你步入的健身房都会在每台跑步机以及所有其他有氧运动器械前放置一台电视机。如果没有，那它们可能就不会有任何会员。当使用跑步机时，你需要一些东西来占据你的大脑。但是你应该小心不要让它占用你的全部思想，否则你会成为那些史诗级体育失败视频中的一个，这些视频似乎每周或每两周都会在网络上疯狂传播开来。

大家可能还记得第 6 章中的内容，用某种娱乐形式转移注意力是一种外部分离策略。电视、电影和音乐有助于你通过吸引大脑参与到新闻或歌曲中来消磨时间，所以你可以试着忘记自己正在跑步。

跑者告诉我，跑步机的娱乐方式足以转移注意力，但仅此而已。他们中的很多人表示，单靠电视或音乐不足以摆脱令人心烦意乱的步伐，所以他们有时会根据正在观看或收听的内容玩游戏。例如，马拉松跑者特德·柯里（Ted Curry）喜欢动作片。他告诉我，每次在屏幕上出现追逐场景时，他都会冲刺，平均每小时冲刺 6 个 30 秒。我认识的一位休闲跑者纳塔莉·贝尔（Natalie Bell）说，她在观看情景喜剧时往往会慢跑，但在看商业广告时则会加快步伐。

我认为这些游戏的发明是一个非常聪明的主意。娱乐可能不能长时间吸引你的注意力，直到你完成锻炼。但我的观察结果是，当人们经常看电视时，他们往往会比平常跑得慢。因此，你可以根据正在观看或收听的内容创建间歇训练，从而增加额外的娱乐项目，并确保自己获得更好的锻炼效果。

分心策略 2：寻找伙伴

我很乐意通过加入跑步机运动的团队来度过艰难的时光。

跑步机运动团队意味着什么？它把本质上属于个体的活动变成一个集体的共同锻炼。在第 10 章中，我详细介绍了训练伙伴和跑步团队有助于你完成比赛的所有原因，但在此特定情况下，我将讨论寻找跑步伙伴或团队如何使跑步机锻炼成为一个更能让人容忍甚至是富有成效的体验。

你可以邀请一位朋友在你身边的跑步机上锻炼，这与让她和你一起参加周六早晨的晨跑没什么两样。或者，在我见过的最具创造性的跑步机用法之一是，你可以参加跑步课程，这类课程有点像动感单车课程，只是它是在跑步机上进行。我见过的课程通常会将同一时间内身处不同地点跑步机上的 4~15 人连接起来，教练通过无线耳机发出指令。

关于跑步机课程还有很多值得我们期待的东西：教练将带领你完成一个结构化锻炼，这样的锻炼旨在改善跑姿、配速或节奏等对跑步来说至关重要的东西。你忙于关注教练的指令以及何时按下控制台上的右键，你会忘记跑步机是多么无聊的机器。你还可以与各种体形、年龄和能力水平的跑者一起锻炼，我觉得这很鼓舞人心。

如果你的健身房没有跑步机课程，这很有可能是因为他们还没有以训练动感单车和划船教练的方式来训练跑步机健身教练，所以你可以要求管理层开始考虑这一课程。或者，你也可以将一群志同道合的跑步机用户聚集在一起，找到一个你可以使用大量跑步机的好时机，开始你们的跑步。

分心策略 3：带着目标跑

任何似乎毫无意义的活动都不可能带来刺激感，所以如果你匀速在跑步机上跑了一个小时，你肯定会跑进无聊的怀抱。有意义的一分钟比毫无意义的一分钟过得更快。我建议为每个跑步场次设定一个目标，然后制订锻炼计划以达到这个目标。

例如，如果你想要消耗卡路里，请进行间歇锻炼，在这段时间内，你可以将低强度的“积极休息”与高强度的锻炼间隔开来。如果你想变得更强壮，就进行坡道训练。如果你想要锻炼节奏，请先做一个节奏跑。

我的理论是，改变速度和坡度的按按钮活动本身就是一种反无聊的策略。按按钮本质上是一系列不连续的新颖事件。在预期要按下下一个按钮时，你会感到紧张，你的大脑会迷上它。相较于看着时钟，确定到底什么时候 45 分钟才能过去，现在的你只需要挨过每次按钮按下之间的时间。然后你重新启动你的大脑，再重复一次上次的过程。虽然我的理论只是一个理论，但与我曾经谈论过的绝大多数跑者都是依靠这种策略来熬过跑步机锻炼的。

考特妮·范德菲尔德（Courtney Vanderfield）说：“在跑步机上跑步，对我来说是纯粹的痛苦。”当外面天气太热而不适合跑步时，她每周会在跑步机上跑 56 公里。“我只能通过进行间歇训练来忍受这种情况，这样我就可以把它分解成许多小块，而不是一个漫长而可怕的令人头疼的事件。”

大师级精英跑者詹妮弗·黑斯廷斯（Jennifer Hastings）说，她已经学会慢慢喜欢上跑步机，因为她是在利用自己的时间成为一个更好的跑者。她说，有时她实际上更喜欢将跑步机搬到户外使用。

“我发现在跑步机上努力锻炼更容易，我也喜欢在室外跑步，但有时视觉干扰和环境因素，比如风和海拔，会干扰锻炼的简单而艰苦的纯度。我也很感激跑步机，它让我不想被困在外面的某个地方时，仍然有机会可以跑步。当我在跑步机上跑得很快时，我有一种飞翔的感觉。”

分心策略 4：混搭训练

在有些情况下，你无论如何也做不到让自己身心愉悦。没关系，我们都经历过。但是，即使利用跑步机训练的想法让你无法接受，可能你也不想完全放弃它。

你可以尝试一种循环训练，依次在跑步机和其他有氧运动仪器上每个训练 5 分钟。你可以在跑步机上出发，接着跳到动感单车上，然后冲上椭圆机，最后通过划船收尾。此刻，你刚刚完成了 20 分钟的有氧运动。现在根据需要进行重复，直到完成你为自己规定的锻炼时间。

这种有助于保持大脑忙碌的方式其实与按按钮的原理是一样的，它是一个离散的新颖的事件。在感到无聊之前，你早就已经在做下一件事了。

另一位混搭运动员告诉我，他喜欢做跑步机循环训练。他在跑步机上跑一分钟，跳下去做一组力量训练，然后继续跑一分钟，再做一组力量训练……直到你完成一次完整的锻炼。这是一个完成多任务有氧训练和力量训练的好方法，但要确保在跑步机皮带移动的时候你可以随心所欲地上下跳动，并确保当你离开力量训练设备时，身边的每个人都知道机器仍然处于运作状态。

分心策略 5：尝试想象好事

是的，在跑步机上慢跑会让你感到无聊透顶，那又如何呢？也许是时候停止把无聊想成一件坏事了，你可以把它重新设计成一个锻炼心理能力的宝贵机会。在智能手机、电视、互联网和其他无数消遣形式之中，我们这些 21 世纪的大脑已经习惯于接受和互动，只要没有任何娱乐活动，我们就很容易感到恐慌。

新兴科学已经开始显示，即使大脑可能让人感觉你无聊时它会放松下来，但在那些你无聊的时间里，它却并不平静。

华盛顿大学第一个发现了一种被称为“默认网络”的神经回路，当大脑不专注于外部环境的刺激时，该网络就会开启。特别值得关注的是，大脑前后两部分之间似乎发生了详尽的电流对话，因为内侧前额叶皮层与后扣带回和楔前叶等区域同步活跃起来。

科学家们推测，大脑看似不相干部分之间的这种交流可能是它将不相关想法连接起来的方式。一些有趣的大脑扫描研究表明，白日梦和创造力都是由这个默认网络产生的。当大脑感到无聊时，它似乎会离开现实世界，前往想象的地方，在那里它可以杜撰故事并排练现实。

这时的大脑处于解决问题和产生天才般的灵光一闪的理想状态，所以你可以尝试在跑步机上思考一些非常好的事情。请尝试忍过最开始的几分钟，这看起来似乎很难，但如果你能坚持完成，就会发现其中的奥妙，并找到最高效的锻炼方法。

跑步机虽然最初是作为一种惩罚形式而存在的，但你可以学着去接受并爱上它。事实上，无论出于何种原因，跑步机都可能成为你日常生活中不可或缺的替代选择。学会拥抱这种哪儿也去不了的跑步形式。正如我在本章中向你展示的那样，有很多方法可以助你消磨这看起来难挨的时光。

跑|者|贴|士

打破无聊的五大分心策略：

1. 增加娱乐项目；
2. 寻找伙伴；
3. 带着目标跑；
4. 混搭训练；
5. 尝试想象好事。

THE RUNNER'S BRAIN

HOW TO THINK SMARTER TO RUN BETTER

第四部分

跑者必备的脑力训练清单和计划

在下面的章节中，你将找到一些了不起的工具，来帮助你掌握学到的所有内容，并充分利用它们。接下来会有几张工作表，它们有助于你完全理解自己的想法，还会有一个 7 步脑力训练计划，这既有助于你的训练，也有益于比赛。我从我们这个时代最伟大的运动员那里学到了一些经验。研究表明，精英跑者的思维方式与其他人不同，他们会亲自分享他们认为每个跑者都应该知道的东西。

18 跑者脑力训练必备清单

可视化工作表

通常，在大脑中绘制详细的图像有助于你更清楚地了解特定情况或目标。在空白处填写你正在努力的方向，并想象关于它的所有重要细节。然后，你可以在可视化练习中单独或一起使用这些详细信息。

细节：

____

____

____

图像：

____

____

____

这张图像如何帮助我取得成功：

____

____

____

细节：

____

____

____

图像：

____

____

____

这张图像如何帮助我取得成功：

____

____

____

目标设定工作表

详细说明你的最佳目标：

G：描述这个目标带给你的 3 种情绪。

1.

2.

3.

O：列出目标的 3 个可衡量方面。

1.

2.

3.

A：列举目标会挑战你的 3 种方式。

1.

2.

3.

L：列出目标有助于你学习和提高的 3 种方法。

1.

2.

3.

详细说明令你满意的目标：

____

____

____

____

详细说明你觉得还算不错的目标：

____

____

____

____

简洁的可视化练习

想象一下在你的下一次锻炼或比赛中，有来自家乡的新闻记者。这既可能是你已经参加过的比赛，也可以是即将参加的比赛。你跑得极其出色，在你离开前，记者赶紧过来与你见面并询问你的努力过程。

为这篇新闻创造标题，其中要包括你跑步的相关内容。然后，利用你能想到的所有细节，描述已经发生的事情，包括过程、风景、声音、感受，甚至是你告诉记者的原话。

每当你需要鼓舞或协助自己规划未来赛事时，就拿出这个“剪报”。

标题：

____

____

____

____

文章：

____

____

____

____

____

____

____

克服障碍

作为一名跑者，你会遇到各种层出不穷的障碍。你最终是否会大获全胜取决于你如何完美地克服这些障碍。

使用这个工作表来帮助你识别和策略性地克服你将遇到的障碍。这是一个非常简单的过程：首先，详细描述你的障碍；其次，列出尽可能多的替代方案和解决方案；最后，制订行动计划，让你的解决方案发挥作用。

障碍：

____

____

____

____

备选方案：

____

____

____

____

____

____

行动计划：

____

____

____

____

____

____

赛前“内心的安宁”检查清单

使用此清单可确保你想到了比赛前、比赛中和比赛后的一切。如果你很容易出现赛前紧张，就会发现这个过程让人感到心安。

在比赛之前和比赛之中

- 手表或 GPS 定位设备
- 心率监测器
- 跑鞋
- 跑步上衣
- 备用跑步上衣或夹克（根据天气情况）
- 运动文胸
- 短裤或压缩裤
- 额外的裤子（根据天气情况）
- 旧运动衫或 T 恤（热身后扔掉）
- 比赛袜子
- 凝胶或运动饮料
- 帽子、手套或围巾
- 墨镜
- 防晒霜
- 水或水瓶
- 创可贴或乳贴
- 额外的现金
- 音乐播放器或手机
- 腰包或旅行提袋
- 急救号码或个人信息
- 比赛计时芯片、号码布或入场信息

赛后

- 额外的袜子
- 额外的衬衫、短裤、裤子
- 防水外套
- 额外的鞋子
- 梳子或刷子
- 能量棒或小吃
- 毛巾
- 阿司匹林或其他止痛药
- 塑料袋（为了装冰块、脏衣服等）

跑者思维翻转表

翻转表 18-1 是一个很好的参考和训练指南，好好利用它就可以将消极想法转化为积极想法。我先前说，消极的想法会让你的鞋子像灌了铅一样沉重。因此，在这张表中，你可以写出一些负面的想法，并将其“翻转”到积极的一面，使用积极的想法而不是对你无益的负面想法。一旦你掌握了方法，就能够翻转其他没有在这里列出的负面想法了。

表 18-1　跑者思维翻转表

负面的自我对话	正面思想
我从来没有做过这件事。	我有机会尝试新的东西并从中学习。
太难了。	我会循序渐进地解决它。
我没有这个能力。	训练将帮助我改进并取得进步。
我永远不会找到时间。	我会把它作为一个优先事项，并在我的时间表中找到时间来完成它。
我无法做到这一点。	我会尽我所能。
这个目标太大了。	这对我很重要，所以我会想方设法实现它。
我不会变得更好或更快。	我会继续努力并尽我所能。
我以前失败过。	这是一个全新的开始。
我真的累了。	我可以集中精力，放松心情，跑向下一个里程碑。
太远了。	让我们一次跑一公里。

积极思维工作表

大脑的网状激活系统知道：你信仰什么，你就是什么！消除消极的想法，这种想法通常是自发的、根深蒂固的、潜意识的。首先，通过注意这些想法什么时候是最强烈的来消除负面思维。先将它们写下来；然后，填写下面这张工作表的其余部分，用更积极的想法“替换”它们。现在，每当你有一个负面的想法，请参考新的肯定陈述，有意识地取代旧的表达。你可以在纸上、训练日志中甚至手臂上写下你的肯定表达，以便在需要时使用。

情况	自发的负面想法	对运动表现的影响	你想看到的改变	积极的想法

跑者脑力训练计划

这本书中，我提供了很多值得思考的想法、后续要做的工作以及需要改变的事情。我已经提供了你在忙碌中可以尝试的具体事项。在本章中，我制订了一个计划，将你学到的许多内容融合到一个综合计划中。虽然它不包含书中的每一个提示和技巧，但它为你提供了一个循序渐进的计划，可以用来升级跑者的脑力。

请至少花 3 周时间应用这个计划。它结合了我们所谈论的许多理论，最明显的是神经可塑性的概念，这是你的大脑重塑和改变自身的能力。为了让你的大脑重塑为你作为跑者所需的宝贵资产，你必须参与其中。在跑步期间和非训练期间，你都会有要做的练习，两者都要求你的大脑采取行动。

我希望你至少花 3 个星期尝试这个计划，因为如果要让你的思维和大脑的物理结构发生长久的改变，这是所需的最短时间。如果你长时间采用这个计划，就会将这些想法更深地铭刻在你的大脑中。你也可以根据你在本书中学到的其他知识创造性地开发其他活动，但这个健康大脑的 7 步训练计划会让你在培养、保持和享受新建立的大脑习惯方面领先一步。无论你跑到哪里，你的大脑都与你同在，所以请好好照顾这一你以前从未注意过的珍贵而特殊的装备。

第 1 天：身份认同

目标：加强跑者的身份认同意味着重塑网状激活系统，这是大脑中负责信念的部分。你在这方面做的工作越多，就会越认同自己是一名跑者，也会对跑步和比赛树立更强大的信心。

任务类型：非跑步。

任务：无论你是初跑者还是经验跑者，都要让你的世界中充满与跑步相关的东西，这对建立自信心和自我意识非常重要。这可能需要花费一些金钱和时间才能完成，但它是一项物超所值的投资，因为你可以获得良好的投资回报。请记住，你大脑的网状激活系统从环境中获取线索，不管这种线索是什么，你都需要让你生活的环境处处充满信息，提醒你自己是一位跑者，并且是跑圈的一员。你可以从以下项目开始，但随时可以创新。

- 订阅跑步杂志。
- 买一些新的装备。认真研究可用的跑鞋类型及其背后的技术。
- 上网购买一些跑步艺术品、复古海报或旧的比赛 T 恤衫。把旧衣服洗干净，即使是随便跑一跑或者割草，也可以穿着它们。

- 阅读更多关于跑步和伟大跑者自传的书籍。
- 订阅 5 个关于跑步的博客。考虑在评论区至少回复一些想法。更棒的做法是创建自己的博客，分享你关于跑步的感受。
- 把你最喜爱的跑者的名言写在你的电子邮件签名中。如果有人问起你，请准备好回答它激励你的原因。
- 加入一个跑团，或与一些跑友创建一个跑团，抑或只是邀请某人和你一起跑步。
- 建立一个你最喜欢的跑步歌单。
- 只要别人没有感觉极度厌恶，你可以在日常对话中谈论跑步。不要只谈论你自己，而是谈你跑步的内容。如果发生了一些有趣的事情，就讲述这个故事。
- 观看有关跑步技巧、受伤或心理策略的视频。
- 逐渐改变你的饮食，食用适合跑者的食物。了解从碳水化合物到电解质的一切相关事情，并了解这些事情如何帮助或阻碍你。
- 就当是打发时间，接受一个相对温和的关于跑者的迷信。比如先穿右袜，再穿左袜；比赛当天不要穿比赛衫；前一天晚上吃没有酱的意大利面；为拉伸运动播放特定的音乐曲目。

第 2 天：目标设定

目标：设定客观、可衡量和难度适当的目标，这些目标反过来会影响你的思维和训练，并为自我评估提供有效的反馈环节。

任务类型：非跑步。

任务：我曾在芝加哥马拉松赛之前与跑者交谈，之后一名来自加利福尼亚州南部的男子走过来寻求帮助。他和妹妹来参赛是为了纪念他们去年因洛盖赫里格病（肌萎缩侧索硬化）而病逝的父亲。他说他非常担心自己无法在预报的寒冷气温下奔跑，如果不能完成，他觉得他会让父亲失望。

他有一个明确的目标，这一点非常好。但是在陈述他的目标时，他没有考虑到控制范围之外的变数可能会阻止他实现这一目标。所以我当场和他一起调整了目标。

首先，我问他："你父亲会怎么评价你的妹妹和你跑马拉松这件事？"他笑着回应道："他会说我们太疯狂了！"这个问题实质上已经卸掉了他肩上的重担。他的父亲根本没有预料到他会跑马拉松，更别说对他没有完成马拉松而感到失望。然后我告诉他，他为了纪念父亲而奔跑的目标让他与那些在比赛中跑得很好的选手有了一些共同点。那些人之所以参赛，是为了纪念因癌症或其他疾病而失去朋友的人、在"9·11"事件中丧生的人、桑迪·胡克枪击案或哥伦宾枪击案的受害者、受飓风"桑迪"影响的人或波士顿马拉松爆炸案的受害者。

我告诉他，跑者因为众多的慈善机构、事业或个人原因而奔跑。他们所采取的步骤不仅有利于跑者本身，而且有益于无数具有独特生活环境的人。我们的荣誉在于我们的时间、准备、付出以及走向起点线而不是终点线的选择。为了这种无私的理由而付出那样的努力，他已经对父亲表达了敬意并实现了他的一大半目标。我很高兴他最终理解了这一点，并在我们谈话结束、转身离开时放下了心中的重担。

这个充满爱的儿子至少有一个想要努力实现的成形目标。我遇到过的很多其他跑者都没有考虑到这一成功的基本策略。当然，你可以每天都跑步而不去设定明确的目标，但如果你想要一种目的感和专注的方式，那就拿出一支笔，从第 18 章的目标设定工作表中开始。老话说得好，"脑过千遍，不如手过一遍"。

一定要和你信任的几个人分享你的目标。这是你正在确立的跑者身份的一部分，人们会希望在这方面给予你支持。此外，将你的目标放置在几个显眼的地方，不断提醒自己的目标是什么。

所以，现在写下你能想到的所有目标，然后使用第 4 章中的目标系统对它们进行评估。如果你觉得有必要，可以在开始写之前回到那一章查看更详细的信息。以下是精彩回顾：

G：我能否在直觉中感受到我的目标？

O：我的目标是否客观和可衡量？

A：我的目标是否具有挑战性而又可实现？

L：我的目标能帮助我了解自己的跑步和其他能力吗？

第 3 天：积极地自我对话

目标：认清你大脑中的声音，调高积极声音的音量，同时调低消极声音的内在对话的音量。

任务类型：跑步。

任务：为了你接下来 7 天的跑步计划，锻炼天数可长可短，我希望你充分了解你大脑中的声音，即你的自我对话。你可以回顾第二部分的所有章节，了解如何做到这一点，但在这里我将强调一下之前没有提过的几种不同的来找到你内部声音的方法。你可以选择在不同的日子里或者在一次跑步的不同位置上，分别完成每一件事情。

当你跑步的时候，在你的脑袋里先轻声说出字母表，然后再大声朗读出来。注意调整音量。接下来，尝试在你的脑海中大声倒背字母表，在这个过程中，注意你在沮丧时会告诉自己的东西。这个小小的练习演示了如何将自我对话引入你的思维。请记住，即使你背错了字母表，也需要将内心的声音从消极的改为积极的。这教会你在任何类型的训练和比赛遭遇挫折时，如何调整思维。

在你的大脑中，详细地描述你周围的环境。不要简化它，要尽可能复杂和详细。例如，那些不仅仅是你刚经过的树，它们是有着细长枝叶的桦树，12 米高，斑斑点点的白色树皮正在从树干和树枝上剥离。这里有着鲜绿色的常青树，数以千计的针叶从中心扩散开来。注意地面上的落叶、树皮和泥土的气味、风吹过树枝的声音、树下的狗吠声。再次强调，它不只是一只狗，这是一只棕色的拉布拉多犬，耳朵下垂，一条长长的尾巴摇晃着，并且戴着一个红色的领结。他的主人从 15 米远的地方扔出一个让它流口水的黄色网球，它快乐地叫着……你终于明白了吧。

这种思维练习的丰富细节会迫使你在自我描述时使用自我对话。你可能会发现，丰富的细节也可以让你展开联想。这是一种策略如何强化另一种策略的例子。你可能会陷入细节中，忘记自己正在跑步。有助于你进行心理训练的另一个工具是前文的积极的自我对话工作表。制作大量的副本并自由地使用它们，直到你掌握用积极的内部声音与自己对话的窍门为止。

第 4 天：赛前习惯

目标：开发一个适用于训练和比赛日的灵活的赛前习惯。

任务类型：跑步。

任务：准备一些索引卡片或纸片。在接下来的 5 次跑步结束后，记下你在跑步之前、之中和之后做了什么，每次跑步使用单独的索引卡片或纸片。然后，对这 5 张索引卡片进行排序。你会注意到你的常规事项开始从收集的信息中浮现出来。现在拿出第 6 张索引卡片，列出至少在 3 张卡片上同时出现的事情。你会注意到，有些活动的出现频率远远高于其他事情。

每个人的习惯都是独一无二的。它们可能包括早上 6 点醒来，跑步后吃两个炒鸡蛋，跳过刮胡须的步骤，回复电子邮件，冥想或放松 30 分钟；也可能在这些事情的做法上有区别，甚至做的是完全不同的事情。

我喜欢世界级短跑运动员迈克尔·约翰逊的做法，他在当天的早些时候或者是前一天就完成所有的事情，这样他在比赛当天就不会有任何分心因素。他喜欢放松，适当做点可视化练习。由于这个习惯，他可以完全聚焦于比赛。

一旦你在赛前的跑步行为中发现了一个模式，就将其制作成一份清单，为了方便记忆，可以将其分层放入包中，以便在需要时参考。第 18 章有一个很好的例子。是的，它很灵活，所以你可以在需要时改变它，也不需要永远将其分层。但是，如果你必须在你的清单上跳过某些东西，至少这种行为不能让你感到焦虑。即使不能百分之百按照你的赛前习惯行事，你也可以取得出色的表现。

第 5 天：联想和分离策略

目标：培养转移注意力的技巧，既能将注意力集中在大脑和身体上，也能转移开。在任何跑步过程中，你都会遇到各种可能会用到联想或分离策略的情况。当你需要密切关注自己的身体和表现时，或者当你认为积极的图像可能有助于你获得更好的表现或应对当时的环境时，联想策略很有用。另一方面，当比赛中的一些因素，比如无聊、疼痛、口渴或沮丧，不那么令人愉快时，分离策略会很有帮助。从某种意义上讲，当你分离时，你会告诉那些不利因素“我懒得理你”。还记得自我对话部分中，那个让狗直流口水的网球吗？你可以使用这种自我对话来帮助自己分离，或者参考第6章中提供的许多例子。尽管需要练习，但这是一个非常了不起的策略。虽然是众所周知的，但我还是要强调，如果你感到疼痛或不适，那就应该聆听身体正在向你发送的重要消息，切勿以导致事情恶化的方式使用分离策略。

任务类型：跑步。

任务：你会喜欢这个任务的。在不同情况下多次进行以下尝试。首先，练习联想策略。联想是指将大脑与身体活动相融合。将正在爬坡的火车头里的司机和曲柄与你的双腿联系起来。想要更轻松的联想？那就将你的前进运动与在微风中平稳漂移的帆船联系起来，或者用你唱给自己听的歌来加快你的呼吸或心跳速度，抑或重复你最喜欢的口头禅、祷文或经文。所有这些都是跑者告诉我的经过实践验证的联想策略的例子，所以它们肯定会对你有所帮助。

接着，练习分离策略。分离策略可能会自然降临到你身上，就像驾驶一辆汽车却不记得已经开了几公里一样。为什么？因为你的大脑偏离了你正在做的事，对我们而言，就是跑步，大脑开始专注于一些不相关但很重要的事情。你跑步的时候可以尝试一下，想想你的爱人、孩子、上一次的约会、工作中的项目以及即将到来的假期或生日；你还可以在大脑中设计一套新的服装，然后购买它。

我们有很多联想和分离的方法。你有必要再次阅读第6章，去尝试其他想法并了解如何控制这对精妙的心理策略。

第 6 天：可视化和图像化

目标：当你今天准备跑步时，请用你的大脑创造图像。你可以创建与当前跑步相关或无关但为你提供了某种优势的图像。通过开发可视化功能，你将找到它的多种用途。迈克尔·约翰逊在比赛前会使用 30 多次图像化策略，许多跑者想象自己的表现很不错，或者以特殊的方式挣扎着想象自己如何从挫败中重新站起来并大获全胜。马拉松比赛结束后，我曾将这种技术分享给医疗帐篷中的跑者。在一个寒冷的雨天，我可能会让体温较低的跑者想象自己正依偎在最喜欢的人身边或者正围着毛毯坐在沙发上，喝着热巧克力，看着熊熊燃烧的火焰。你能听到火柴噼里啪啦的燃烧声吗？

任务类型：跑步。

任务：你将认识、实践和发展可视化的两个关键部分：生动性和可控性。生动性要求你在进行可视化练习时充分调用所有的感官，尽可能地为大脑提供充足的信息，这些信息稍后会用到。可控性可以让你创建、添加或删除可视化的任何部分。

你可以想象你身患外胫夹，在严寒天气下、在大雨中攀爬陡峭的斜坡或下山，或者在终点时摆脱它。这完全取决于你。特别是在跑步的日子里，要使用这种心理策略。另外，在跑步之后的傍晚、晚上或者在非跑步的日子里使用它都是有益的。实践是最关键的，你的大脑每次都会学到一些新东西。

作为一个例子，让我们仔细看看第 5 章中描述的关于过程可视化的内容。记住，在过程可视化中，你想象的是最终会导致整个片段的更小的片段（过程目标），于你而言，整个片段指的就是比赛（结果目标）。在你今天开始跑步之前，先从跑步的最重要阶段开始，那就是起跑。在你的车内、在树下、在下班前的办公桌旁，或者在你即将开始跑步的草坪边，尽可能多地看到可视化起点的样子和经历的片段。让我通过提一些你可能会注意到的事情来帮助你开始：你系鞋带的速度、前几步脚踩地面发出的声音、你洗过或者未洗过的运动服散发出来的气味、你表带的松紧、你鼻孔吸入空气的凉爽程度、你需要去卫生间的紧迫程度，以及你对今日跑步所做的积极的自我对话。

你还可以利用可视化的方法处理其他一些对你来说独一无二的因素。你可以看到比赛的所有部分，以及比赛前后的情况。你正在给你的大脑一个机会，练习你想要完成的任务。经验跑者无法想象没有事先做过某种可视化练习的跑步。

第 7 天：放松

目标：掌握运动前、运行中和运行后的放松方法。

任务类型：跑步。

任务：让我们通过选择大脑的不同能力来完成放松。我的建议是在跑步之前尝试一下，看看哪一个效果更好。你可以在跑步前使用可视化方法来放松。许多人想象在沙滩上放松，当浪花翻滚而来时，海水刺激了他们的脚。其他人会想象自己躺在热带地区的一幢小屋外面的吊床上。当然，请记住使用所有的感官并进行实时的可视化练习。

这个任务的另一部分是正方形呼吸法，关于这个方法，我已经在第 7 章中详细描述过了。在今天的跑步训练中，我希望你在跑步之前和之后尝试正方形呼吸法。在跑步期间稍稍休息时，如果你感觉紧张，也可以选择正方形呼吸法。我之所以希望你使用这种基本的呼吸技巧，是因为它是说明如何将跑步策略运用到生活中的完美例子。你也可以在演讲前或在与客户进行艰难通话之后，尝试进行正方形呼吸法。你还可以在面对拥挤的交通或者对家中的待办事项不知所措时使用它。相信我，这个小小的呼吸练习可以在很多地方派上用场。

那么，现在你已经清楚了，要从头开始，训练你的大脑。我指的是字面上的意思。请记住，在任何人为表现的领域获得益处都需要花费时间。一个举重运动员会向着他的目标而努力，一个作曲家需要不断重写他的配乐，跑者必须为他要参加的最大强度的比赛训练自己的大脑。你要给自己时间学习基础知识，然后开始制订更全面和更复杂的策略。另外，请享受跑步带给大脑的好处。只是知道你的大脑是你身体的健康空白地带，就可以为掌握跑者的脑力训练这一游戏创造热情和动力。

8 位最优秀跑者的脑力训练经验

在写这本书时，我很幸运能够与我们这个时代一些最伟大的跑者进行有意义的对话。我选择了他们的大脑，去寻找除了他们自身强大的身体能力，还有什么因素让他们取得了如此瞩目的成绩。与他们交谈使人陶醉，让人受益匪浅，并且非常具有启发性。当然，所有精英选手都没有单一的个性特征，但每个人都有一个特殊的哲学和经验，可以与普通跑者分享。

我首先要说的是，你无法在复制精英所做的一切的同时，期望自己成为精英。研究表明，世界级跑者的思维方式与其他人存在一些差异，即使是那些稍低于精英水平的跑者也是如此。研究还表明，有时候，世界级跑者的心理策略会对普通跑者产生适得其反的作用。

所有这一切都是事实，在与这些令人难以置信的运动员交谈时，我发现他们非常精通心理策略，这对于所有级别的跑者都是有用的。这就是我现在想与你分享的内容。

所以，在此我为你带来了8位伟大跑者的成功经验，他们会亲自分享，拥有一个跑者的大脑是如何帮助他们想象成功、保持专注并克服失望的。虽然我们不可能都是精英跑者，但我们可以从他们的成就和失误中汲取经验和教训。以下内容是他们迫切想分享给大家的。

琼·贝努瓦·塞缪尔森

琼·贝努瓦·塞缪尔森正在为冠军而赛跑。如果你需要一点灵感，可以在网上查找她从黑暗隧道中跑出来，最终进入洛杉矶体育馆的跑道的视频，她的标志性白色帽子下是她自信的脸，她正朝着第一届女子奥运会马拉松赛终点线迈进。这场比赛使塞缪尔森成了万众瞩目的焦点。30多年后，许多人依然认为她是坚韧不拔和通过努力训练能够达到的完美榜样。

作为一名缅因州人，塞缪尔森通常会让跑步代言她的形象。幸运的是，她同意阐明她设定目标的方法。我认为她的见解鞭辟入里，应该能与所有跑者产生共鸣。

对我而言，目标设定是通过讲故事演变而来的，我试图讲述这个故事，特别是当它涉及跑马拉松时，我的目标设定和讲故事是交织在一起的。

2008年奥运会选拔赛在波士顿举行，我想，我以参加波士顿马拉松开启了跑步生涯，现在我已经50岁了，奥运会选拔赛也即将来到波士顿，我将努力争取比赛资格，尽量将完赛时间控制在 2 小时 50 分钟以内。这就是故事，也是我将要完成的目标。当穿过终点线时，我与布莱克·拉塞尔（Blake Russell）、迪娜·卡斯托尔（Deena Kaster）和马格达莱纳·莱维·鲍莱特（Magdalena Lewy Boulet）相遇，他们是当年晋级奥运会的成员。那是一个非常特殊的时刻，我想我现在可以毫无遗憾地转身离开这个充满活力的跑步生涯。

有一天，我收到了纽约路跑俱乐部主席玛丽·威滕伯格（Mary Wittenberg）的电话，询问我是否会参加第 40 届纽约马拉松赛，那也正是我取得奥运会奖牌的第 25 个年头。我想，这将会是一个精彩的故事，我当然会来的。

接下来一年的芝加哥马拉松赛发生了同样的事情，当时距离我创造马拉松个人纪录已经过了 25 个年头，比赛日期为 2010 年 10 月 10 日。这是我不能轻易放弃的一个故事！

在波士顿的悲剧发生之前，我当年对波士顿马拉松的目标是，重返 30 年前我跑出最快时间 2 小时 22 分钟的赛场，并在 30 年后能在超出这个成绩的 30 分钟之内完成比赛。这既是目标，也是故事。这一年我们带着儿子和女儿回到了波士顿，这是我儿子的第一次马拉松比赛，我想讲述的故事是，在参加奥运会 30 年后，在原先成绩的基础上增加 30 分钟跑完比赛，我早就有了这个目标，但是我没有和他们分享，并且我做到了。

我还没有想出下一个故事，所以我还不知道自己再次起跑的具体时间。不管在跑步和生活中的目标是什么，我想每个人都可以在他们开始讲自己故事的时候找到内在的英雄。

杰夫·加洛韦

如果有人天生就适合跑步，那杰夫·加洛韦必然当之无愧。他在青少年时期开始跑步，而在将近50年后的现在，他从未停止过。一路走来，他成了美国大学生运动员，并且是1972年奥运会美国代表队中参加一万米长跑的一员，也是奥运会马拉松赛的候补跑者。即使是现在，他仍然是一个非常有竞争力的大师级跑者。他说他每个月“只”参加一次马拉松，并且全年还要参加十几场额外的比赛。

加洛韦告诉我，他一直认为自己是一个普通的跑者，他只是坚持训练，并对自己正在做的事情有很多想法。在我看来，加洛韦是我见过的最富脑力的跑者之一。他研究了身心之间的关系，将它运用到自己的比赛中，并通过个人训练将它传播到数百万跑者之中。他不但是《跑者世界》的编辑，而且是一系列优秀训练书籍的作者。

我问他是如何忍受这些艰苦的训练和比赛的，他给出了一个大家再熟悉不过的答案，而这也在我的意料之中。

跑|者|说

我和我的客户已经使用这3种心理训练策略40多年了。第一种心理策略是心理预演，我一遍又一遍地可视化比赛和最终的结果，这非常有助于你预见可能会遇到的各种情况，然后制订一个一一应对的计划。

不过，我认为心理预演虽然很有价值，但它的作用毕竟有限，接下来你就只能体验现实了。我的第二种心理策略是，把“咒语”当作一种洗脑形式。当不适感连接到隐藏在你内心深处的灵魂时，“咒语”会让你从不适感中分心。此时，你置于思想前沿的想法才有话语权，当你处于压力之下时，你不会屈服于大脑中听到的任何负面信息。相反，你关注的是积极的事物，并对它们有控制力。

你的“咒语”是从经常导致你失败的经历中创造而来的。在收集经验时，你可以找出 1~3 个与成功跑步有关的“咒语”。当你的意识念出“咒语”时，大脑会开始寻找与之前一样的解决方案。

我会给你举一些例子。你可以用一个像“放松”这样的“咒语”来构思你的想法。你可以在心里对自己说“这对我而言没有压力”，或者说“从第一步开始，我将会放松并享受内啡肽”或“我感觉很舒适，并得到了所有力量的支持”。如果你的“咒语”是“能力”，就可以把它和“我对自己和正在做的事情都感觉良好”或“我知道我在做什么”相联系。

第三种心理策略是我称之为“肮脏的技巧”的策略。这些都是你接近终点线时使用的快速修复方法，目的只是为了将你从一个点带到另一个点。例如，想象一个巨大的隐形橡皮筋。当我竞技水平还很高时，曾经使用过这个方法。只要我看到一个超过我的人，我的潜意识就会开始产生负面的想法，然后我会拿出巨大的隐形橡皮筋，我先把它转起来，然后套到他们的头上和腰间，将他们向我拉近，阻碍他们前进的动力。所有这些都是幻想的，但它让我继续前进了一个又一个 400 米或 800 米。如果需要，我会使用另一个肮脏的技巧。

以上 3 种心理策略都能让你把思想保持在额叶的位置，它们都是为了让你进入额叶和有意识的大脑而设计的，它们也可以让你有一个完整的心理工具库来帮助自己渡过几乎所有的跑步难关。

安比·波夫特

安比告诉我，因为上学期间他需要选择一项运动，所以他从高中时代就开始跑步了。他选择了越野赛，因为团队里的男孩们都很有趣，并且喜欢八卦老师，也因为他可以躲在树林里放松。

他很快发现跑步并不是那么糟糕。事实上，他天生适合跑步，在大三的时候，他赢得了康涅狄格州 2 英里比赛的冠军。那只是一个开始：1968 年，他赢得了波士顿马拉松赛冠军。一个有趣的事实是，他的大学室友是杰夫·加洛韦和比尔·罗杰斯！

他真是一个特别谦逊的人！他一直说自己在跑步方面的最大成就是，自 1964 年以来，每年感恩节都参加在康涅狄格州的曼彻斯特举办的 5 英里公路赛。我想对于如何思考克服挫折，他应该有很多宝贵的经验可以与大家分享。

跑|者|说

作为一名竞技跑者，我绝对是一名目标设定者。大部分时间，我都在设定每周里程和训练配速的目标。当时每个人每周跑步 160~200 公里，于是我们也这么干。当然，当我意识到自己有一些天赋并取得了一些成功时，我就开始调整自己的目标，设定那些在马拉松比赛中取得成功的人会设定的目标：赢得波士顿马拉松赛、参加奥运会。呃，结果是我只完成了 50% 的目标，赢得了波士顿马拉松赛冠军。

我为此而活。没有人会每天或者在每场比赛中，都表现得完美无缺。跑步的神秘之处正在于此。我知道赢得比赛的公式是什么，但为什么我不能反复使用它呢？答案是，我以为我做到了，但它并没有获得同样的结果。我没有说自己没有达到目标，而是考虑积极的方面：我参加了奥运会选拔赛，我是美国第九快的跑者。

我从跑步中得到的一个教训是，跑步会比其他事物带给人更多的失望。我认为这是跑步可以教给你的事情之一。一旦你达到某个水平，就很可能会输掉而不是赢得一场比赛。直到你彻底扭转并改变现状，它都会是一个负面的想法。你会寻找足够的动力来激励自我，并且希望那个伟大的日子能够再次回归。我从伟大的教练杰克·丹尼尔斯（Jack Daniels）那里学到，你之所以会拥有那伟大的一天，并不是因为侥幸，而是因为你的能力，那才是真正的你。虽然你不可能每天都那么完美，但那就是你的能力，我喜欢那样，我的目标是找出正确的配方，再度拥有如此美好的一天。

迪安·卡纳泽斯

迪安·卡纳泽斯是“可以永远跑步的男人”。作为一个能够在几乎没有休息的情况下连续 3 天不断加速的人，他的乳酸阈值似乎是无限的。尽管跑数百公里而不感到疲劳的能力是一件遗传礼物，但他将这种能力的很大一部分归功于心理学。你可能不想采用他的方法来对待痛苦，但是卡纳泽斯提供的有关正念和专注于当下的建议是每个跑者都值得学习的地方。

当我跑步的时候，我不喜欢的事情其实并不多。我跑过泥土、水坑、沙子、雪地和岩石，没有什么可以困扰到我。当我要挑战体能时，比如跑马拉松或者超级马拉松，我会对自己做出简单的承诺，即我会尽我所能全力以赴。你不能控制天气，不能控制其他竞争对手，更无法预见不可预料的情况，但无论如何，我对让自己成为最优秀的跑者的承诺从未改变过。

我做的另一件事是切换有关痛苦和挣扎的范式。与其试图避免它，不如主动去拥抱伤害并且为它喝彩。放马过来吧，宝贝！我在脑海中自言自语道：“你只是试图摧毁我，痛苦先生，但你抵不过我的决心！”

对于自己是否可以继续坚持，如果我存在很大疑问和不确定性，我不会用念咒或浮夸的想法和玩笑来占据我的大脑，而是专注于当下。我们很少活在当下，因为我们不断思考未来和过去，我们用无穷无尽的内在对话来占据我们的思想。在巨大的压力下，我什么都不做，只关注当下，只想着竭尽全力把一只脚放在另一只脚的前面。除了专注于尽我所能地跨好我的下一步之外，我的脑海里没有别的东西。这种技术让我走出了无法想象的低谷。

凯瑟琳·斯威策

我很高兴这本书收录了凯瑟琳·斯威策的金玉良言。她不仅是第一位正式参加波士顿马拉松赛的女性，而且获得过纽约马拉松赛的冠军。她是一位打破了传统桎梏的女性偶像，为每个女性在体育运动中的平等而奋斗。赢得大赛只是一个小目标，她更高远的目标是为女性开辟一条赛道。

斯威策一直很乐观。在这里，她分享了在受伤时如何保持理智和积极。

当我无法跑步时，比如受伤时，我会做一些其他事情，比如写一本书、启动一个项目来推进我的跑步生涯，或者重新抵押房子、清洁阁楼。我还会用训练时间做其他事情来保持身体健康，比如游泳、拉伸、瑜伽、举重等我在忙于竞赛时没有时间做的事情。

我对其他跑者的建议是：当你受伤时，不要再继续跑下去，给身体足够的时间来痊愈，这样当你再次回归时，你会更快、更强、精神焕发、对未来充满渴望。因为休息你就会完全失去竞技状态，这一想法是错误的。事实上，你会保持相当的水平。放松，不要惊慌，花些时间关注你因训练而忽视的爱人。

弗朗茜·拉里厄·史密斯

弗朗茜·拉里厄·史密斯参加过 5 次奥运会，是历史上最坚强和最具复原力的田径选手之一。与塞缪尔森和斯威策一样，她激励了一代女性选手。她现在在大学当跑步教练。

史密斯谦虚、勤奋、诚恳，她对跑步的见解非常务实。然而，我发现她对可视化的想法生动而富有想象力。在听她描述她对这种心理策略的使用时，我认为她完美地掌握了第 6 章中关于可视化的内容。

我会在比赛之前一直使用可视化训练方法，一个最好的例子是我参加的室内比赛。室内赛道是一个非常让人抓狂的环境，因为它非常小，但我却非常喜欢它。当我在赛前的最后几分钟走向田径场时，我会跑到赛道中间，因为比赛正在进行，所以周边会有很多拥挤的人群。你需要把所有东西都转向内心，并专注于比赛。那么我在那个疯狂的环境中是如何做到这一点的呢？我会抬头看看建筑物的椽条，看着那些灯光，然后专注于那些灯光，并思考比赛。我会看到自己参加比赛，并赢得比赛。

对我而言，我的方法就是把所有的精力都向内集中，专注于比赛。现在我是一名教练，我知道这适用于所有级别的运动员。

我遇见过因神经紧张而惧怕起跑线的人，我试图向他们解释这是正常且必需的。你要做的是学习如何引导精力，并花时间想象你为比赛规划的蓝图。

每个人走向起跑线时都会紧张。但是我认为，当你处于这种状态时，更需要尝试向内思考，想象你将要做什么。也许你可以闭上眼睛，想想比赛；然后站起来，做一些大跨步运动，不知不觉中，你就已经在起跑线上了。

梅布·科弗雷兹基

作为美国最伟大的马拉松运动员之一，科弗雷兹基的跑步生涯堪称完满。他赢得了纽约马拉松和波士顿马拉松的冠军，还获得过奥运会的银牌。

一个瘦小的男孩在 12 岁时作为厄立特里亚难民来到美国，这些成就对他来说都是非常了不起的。你可能认为他的生命里只有成功，但是永远乐观向上的科弗雷兹基也受过伤，遭遇过挫折，实际上还参加过一些非常不好的比赛，但这永远不会阻止他前进的步伐。在这里，他回顾了他在 2013 年纽约马拉松赛中受挫的事情。我想你会发现，他将所谓的失败看作一种胜利和令人难以置信的激励。或许这会帮助你重新思考作为一名成功的跑者到底意味着什么。

跑｜者｜说

在 2013 年的纽约马拉松赛中，因为我刚从受伤中恢复，身体只能适应 29 或 30 公里的赛程，所以赛前准备有些不足。但是我将身体的潜能发挥到极限，并且我很擅长半程马拉松比赛。但是在跑到 24 公里左右的时候，其他领跑者开始提速，我无法跟上他们。但我又坚持了 6.5 公里，然后对自己说：“嗯，你做到了。”

在大约 25.7 公里的时候，我的配速大约每公里 3 分钟，然后疼痛降临了！我从 30.5 公里处跑到了 31 公里处，然后停了下来，我步行，慢跑，步行，慢跑，坚持完成了剩下的 1.2 公里，这一段的耗时是 9 分 58 秒，是以前的两倍。

此刻如果是你，你会怎么做？停下来，坐进收容车里面吗？但我决定，竭尽所能达到终点线。因为波士顿马拉松发生了爆炸，所以纽约市前一年取消了马拉松，也许我今天不会赢得比赛，但尽力完赛正是我能做的。

许多人鼓励我继续与他们一起前进，而我却不能。当业余选手迈克·卡西迪（Mike Cassidy）在还剩 5 公里处赶上我时，我说："好吧，我会再逼自己一把。"我们基本上是互相帮助、共同前进的。而且我说，我们要牵手一起完成比赛。参加比赛的目的不一定是要赢得胜利，而是最大程度地发挥自己的优势。

迈克尔·约翰逊

"人生通常被比作马拉松，但我认为它更像是短跑比赛：一段短暂的时光打断了长时间的努力工作，此时我们获得了展现最好自我的机会。"有史以来最伟大的短跑运动员迈克尔·约翰逊说道。他有 4 枚奥运会金牌、8 个世界锦标赛纪录和两项世界纪录，这些都是他跑步生涯的闪光点。如果我要把他取得的所有成就都一一列出来的话，恐怕一天都讲不完。

约翰逊的声望如此之高，以至于如果没有他关于可视化成功的建议，本章就不完整。我们可以预见的是，它肯定短暂、快速，并且直指要害。

跑|者|说

我是一个非常注重目标的人。我也是花费了一些时间才意识到心理训练的重要性。开发这项技能后，我开始受益于体能训练与心理训练的协调使用。

加强心理技能或学习新技能，这种做法肯定没错。我培养了一些有助于我保持专注并应对沉重压力的技能，从而在比赛日减少分心，所以我可以更好地控制环境和自己的想法。

致谢

本书引用了很多关于跑步与大脑的联系的研究成果，我非常感谢这些做出突出贡献的研究人员和他们的研究对象。没有他们对此做出的精确科学研究，这本书中所有关于跑步与大脑关系的认识只能是简单的臆测。

首先，我曾合作过的成员中没有谁比莉斯·内伯伦特更坚强、更具复原力的了。她后来居上，经常进行举重练习，在优雅地跨过障碍后，还可以找到时间进行头脑风暴，她永远面带微笑，从容地应对生活。我还要特别感谢杰伊和斯凯拉·沙弗兰（Jay and Skylar Shafran），他们是莉斯的家人，因为他们对莉斯在跑步和写作上付出的时间毫无怨言，而且全力支持。你们俩是莉斯最好的啦啦队员！

非常感谢坚韧不拔的琳达·康纳（Linda Konner）对本书的指导，使它能够有机会从零碎的概念转变为一本完整的书。同样要感谢罗代尔公司耐心十足、经验丰富的编辑马克·温斯坦（Mark Weinstein），他让这本书更有益于读者。

我想将赞美、感谢或者任何形容感恩的溢美之词都送给《跑者世界》的编辑凯蒂·奈茨（Katie Neitz），她非常重视跑者的大脑，在这本书初具雏形时就一直给予支持。她和整个《跑者世界》杂志、网站和社交媒体的团队在我们整个写作过程中，给了我们莫大的帮助。

同时也非常感谢凯蒂·莫伊斯（Katie Moisse）、利·迪瓦恩（Leigh Devine）和珍妮特·翁格勒斯（Janet Ungless）愿意为这本书提供反馈意见。此外，感谢格雷琴·布朗（Gretchen Brown）、鲁斯蒂·谢尔顿（Rusty Shelton）、南希·斯科特（Nancy Scott）、克里斯·特罗扬诺斯（Chris Troyanos）、麦克和梅格·格雷托（Mike and Meg Greto）、迈克尔和维多利亚·兰德斯（Michael and Victoria Landers）、斯蒂芬和吉尔·休梅克（Stephen and Jill Shoemaker）、克里斯和乔迪·赫夫（Chris and Jodie Huff）、纳特和妮科尔·芮（Nate and Nicole Jui）、贝丝·迈斯特（Beth Meister）、亚瑟·西格尔、南森和布雷亚·阿什克拉夫特（Nathan and Brea Ashcraft）、康拉德·奥萨（Konrad Osa）、莉萨·米勒（Lisa Miller）、斯蒂芬和凯瑟琳·哈贝尔（Stephen and Kathryn Hubbell），以及所有波士顿马拉松运动员协会的同事和朋友，你们对我的帮助无与伦比、弥足珍贵。

最后，感谢定期走上美国街头、赛道和跑步机的 6 500 万跑者，你们每天都以自己无私的奉献精神和辛勤的训练激励着我。无论你的兴趣是参加当地精彩纷呈的跑步比赛还是奥运会选拔赛，请继续跑下去！

未来，属于终身学习者

我这辈子遇到的聪明人（来自各行各业的聪明人）没有不每天阅读的——没有，一个都没有。巴菲特读书之多，我读书之多，可能会让你感到吃惊。孩子们都笑话我。他们觉得我是一本长了两条腿的书。

——查理·芒格

互联网改变了信息连接的方式；指数型技术在迅速颠覆着现有的商业世界；人工智能已经开始抢占人类的工作岗位……

未来，到底需要什么样的人才？

改变命运唯一的策略是你要变成终身学习者。未来世界将不再需要单一的技能型人才，而是需要具备完善的知识结构、极强逻辑思考力和高感知力的复合型人才。优秀的人往往通过阅读建立足够强大的抽象思维能力，获得异于众人的思考和整合能力。未来，将属于终身学习者！而阅读必定和终身学习形影不离。

很多人读书，追求的是干货，寻求的是立刻行之有效的解决方案。其实这是一种留在舒适区的阅读方法。在这个充满不确定性的年代，答案不会简单地出现在书里，因为生活根本就没有标准确切的答案，你也不能期望过去的经验能解决未来的问题。

湛庐阅读APP：与最聪明的人共同进化

有人常常把成本支出的焦点放在书价上，把读完一本书当作阅读的终结。其实不然。

时间是读者付出的最大阅读成本
怎么读是读者面临的最大阅读障碍
“读书破万卷”不仅仅在“万”，更重要的是在“破”！

现在，我们构建了全新的“湛庐阅读”APP。它将成为你“破万卷”的新居所。在这里：

- 不用考虑读什么，你可以便捷找到纸书、有声书和各种声音产品；
- 你可以学会怎么读，你将发现集泛读、通读、精读于一体的阅读解决方案；
- 你会与作者、译者、专家、推荐人和阅读教练相遇，他们是优质思想的发源地；
- 你会与优秀的读者和终身学习者为伍，他们对阅读和学习有着持久的热情和源源不绝的内驱力。

从单一到复合，从知道到精通，从理解到创造，湛庐希望建立一个“与最聪明的人共同进化”的社区，成为人类先进思想交汇的聚集地，与你共同迎接未来。

与此同时，我们希望能够重新定义你的学习场景，让你随时随地收获有内容、有价值的思想，通过阅读实现终身学习。这是我们的使命和价值。

湛庐阅读APP玩转指南

湛庐阅读APP结构图：

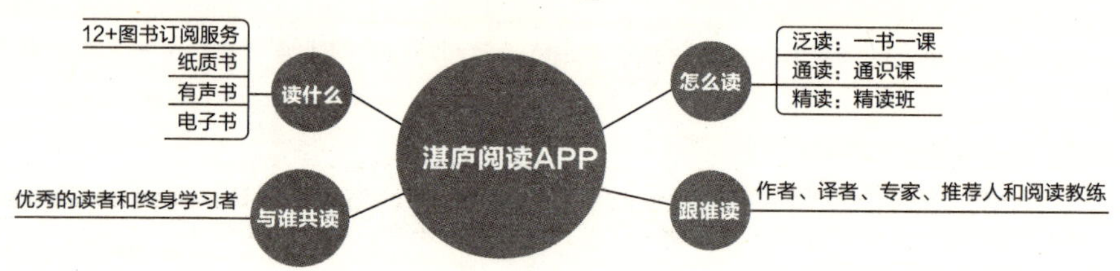

三步玩转湛庐阅读APP：

读一读

湛庐纸书一站买，
全年好书打包订

书城

听一听

泛读、通读、精读，
选取适合你的阅读方式

精读班 一书一课 通识课

扫一扫

买书、听书、讲书、
拆书服务，一键获取

扫一扫

APP获取方式：

安卓用户前往各大应用市场、苹果用户前往APP Store
直接下载“湛庐阅读”APP，与最聪明的人共同进化！

图书在版编目（CIP）数据

跑者脑力训练手册 /（美）杰夫 · 布朗，莉斯 · 内伯伦特著；毛大庆译 . — 杭州：浙江人民出版社，2018.11

书名原文：The Runner's Brain：How to Think Smarter to Run Better

ISBN 978-7-213-08979-4

Ⅰ. ①跑… Ⅱ. ①杰… ②莉… ③毛… Ⅲ. ①跑－运动训练－体育心理学－手册 Ⅳ. ① G822.02-62 ② G804.87-62

中国版本图书馆 CIP 数据核字（2018）第 252366 号

上架指导：运动健身 / 马拉松

跑者脑力训练手册

［美］杰夫 · 布朗　莉斯 · 内伯伦特　著

毛大庆　译

出版发行：浙江人民出版社（杭州体育场路 347 号　邮编　310006）
市场部电话：（0571）85061682　85176516
集团网址：浙江出版联合集团　http://www.zjcb.com
责任编辑：蔡玲平
责任校对：姚建国
印　　刷：北京富达印务有限公司
开　　本：720mm × 965mm　1/16　　印　　张：14.75
字　　数：179 千字　　插　　页：1
版　　次：2018 年 11 月第 1 版　　印　　次：2018 年 11 月第 1 次印刷
书　　号：ISBN 978-7-213-08979-4
定　　价：59.90 元

如发现印装质量问题，影响阅读，请与市场部联系调换。

The Runner's Brain: How to Think Smarter to Run Better by Dr. Jeff Brown with Liz Neporent

Published by arrangement with RODALE INC., Emmaus, PA, U.S.A.

入门跑者

《跑步的197条守则》

踏上跑道前必看的第一本书，“42旅”创始人苏妍如担纲翻译，献给全世界跑者最欢乐的、可以边读边写的跑步手册。

《太极跑》

跑圈最盛行的三大跑法之一，20多万跑者亲身实践，让你不再因伤停跑！

《姿势跑法》

跑圈最盛行的三大跑步法之二——“姿势跑法”，真人配图、实战操练指南，四届奥运会教练，运动损伤诊断、预防和康复锻炼多领域运动科学家尼可拉斯·罗曼诺夫博士倾力巨献！

《跑步时，我拥有整个世界》

新浪高级副总裁，新浪体育有限公司总经理魏江雷首部个人专著；从踏出的第一步开始，与大A一起科学地练，有态度地跑，开启新的生活方式！

《耐力：无伤、燃脂、轻松的MAF训练法》

一本助你消除“啤酒肚”“游泳圈”，减肥减脂的福音书；耐力运动领域里最强大、最具探索精神的大脑带你走进耐力的真实世界。

中级跑者

《跑步时该如何呼吸》

《跑者世界》“年度贴士”，带你打造革命性呼吸法！

《酷能跑步营》

从脚部力量训练开始，关注心率和速度，带你缔造跑步奇迹！

《马拉松训练宝典》

全球最权威跑步杂志《跑者世界》历时3年倾力奉献，“亚索800”发明者亚索领衔打造！

高级跑者

《马拉松终极训练指南》

芝加哥马拉松官方训练计划制订者HAL HIGDON 系列作品；畅销22年，全球50多万人亲身实践。

《丹尼尔斯经典跑步训练法》

“美国最佳教练”倾力打造，首度详尽阐释三大经典跑法之“乳酸门槛跑”，最具科学性的最佳跑者训练教程！

《你可以跑得更快》

马拉松成败的6大因素深度解析，12套周期性训练计划，多位马拉松世界冠军经验分享，强势助力刷新PB！

使用APP扫一扫功能，
遇见书里书外更大的世界！

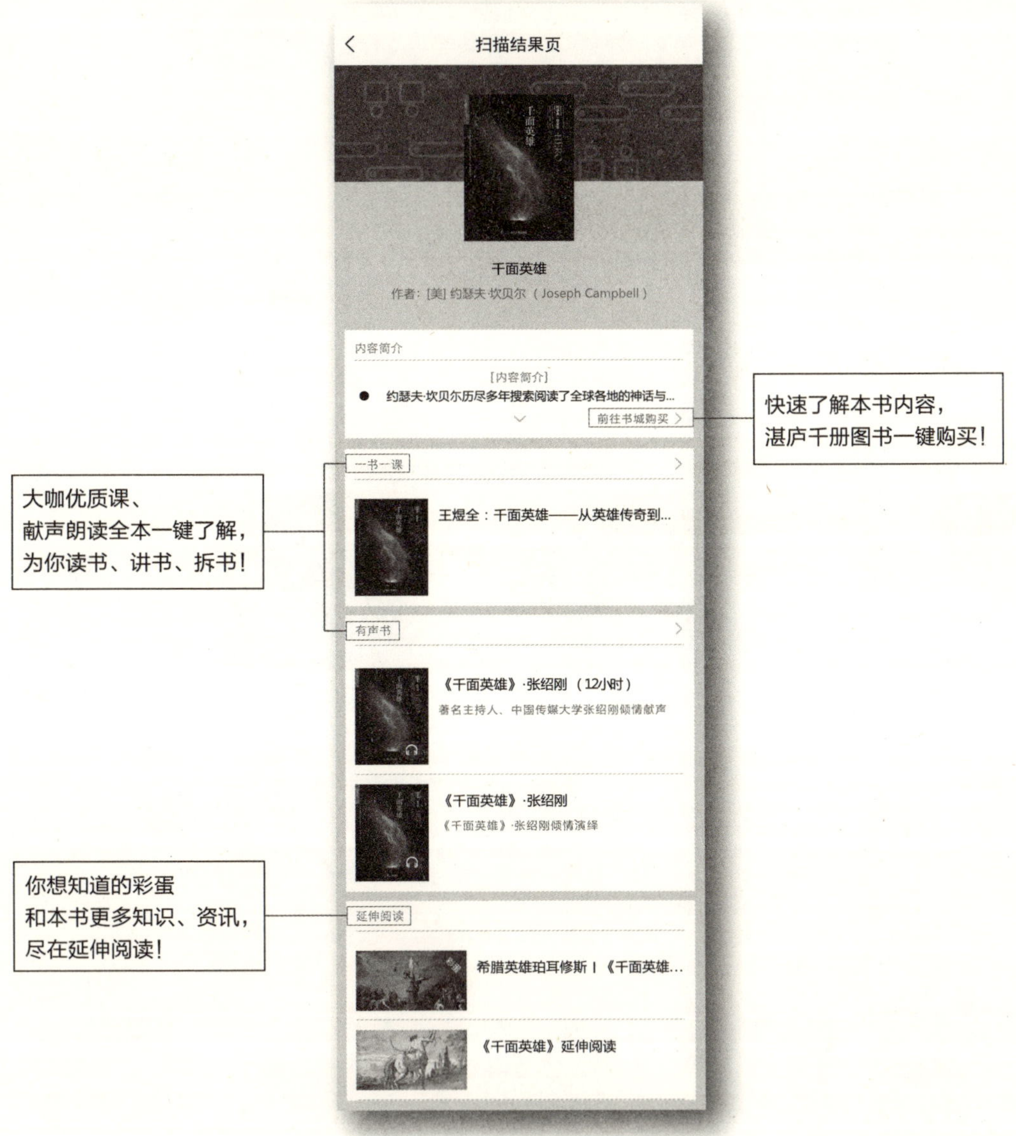